湖北经济学院学术专著出版基金资助

国际金融危机背景下的
中央银行资产负债表政策研究

■ 彭芸 著

中国金融出版社

责任编辑：贾　真
责任校对：刘　明
责任印制：裴　刚

图书在版编目（CIP）数据

国际金融危机背景下的中央银行资产负债表政策研究／彭芸著．—北京：中国金融出版社，2019.12
ISBN 978 - 7 - 5220 - 0426 - 6

Ⅰ.①国…　Ⅱ.①彭…　Ⅲ.①中央银行—资金平衡表—研究　Ⅳ.
①F830.31

中国版本图书馆 CIP 数据核字（2019）第 287624 号

国际金融危机背景下的中央银行资产负债表政策研究
Guoji Jinrong Weiji Beijingxia de Zhongyang Yinhang Zichan Fuzhaibiao Zhengce Yanjiu
出版
发行　中国金融出版社

社址　北京市丰台区益泽路 2 号
市场开发部　（010）63266347，63805472，63439533（传真）
网 上 书 店　http：//www.chinafph.com
　　　　　　　（010）63286832，63365686（传真）
读者服务部　（010）66070833，62568380
邮编　100071
经销　新华书店
印刷　保利达印务有限公司
尺寸　169 毫米×239 毫米
印张　14.25
字数　200 千
版次　2019 年 12 月第 1 版
印次　2019 年 12 月第 1 次印刷
定价　56.00 元
ISBN 978 - 7 - 5220 - 0426 - 6
如出现印装错误本社负责调换　联系电话(010)63263947

CONTENTS 目录

绪　论

中央银行资产负债表反映着中央银行的资金来源和资金在各种金融资产中的配置，它既是实施货币政策的结果，也是进一步实施货币政策的基础。实践表明，在应对国际金融危机的过程中，中央银行资产负债表已成为一项重要的货币政策工具。如何有效地制定、实施和沟通资产负债表政策，完善中央银行的危机管理框架，提高应对金融危机的能力，是全球各国中央银行面临的一个共同课题。

一、研究背景和意义

自 2008 年国际金融危机爆发以来，在利率降无可降、信贷市场持续紧缩的背景下，主要经济体中央银行采取了多项调整中央银行资产负债表规模和组成的非常规货币政策措施，越过短期利率特别是隔夜利率，更为直接地影响远期货币市场利率、长期政府债券收益率和各种风险利差，又被称为资产负债表政策（balance sheet policy）（Borio 和 Disyatat，2009），以区别传统的以短期政策利率目标值调整为特征的利率政策（interest rate policy）。

其实，资产负债表政策本质上并不是非常规的。外汇市场干预，作为我们所熟知的一种资产负债表政策形式，在此次国际金融危机前已经是一项常规货币政策工具。对于一些新兴市场经济国家，中央银行在外汇市场上的积极干预，引起外汇储备的大量增加，导致中央银行资产负债表规模的大幅扩张，资产负债表政策在这些国家常常被看作货币政策决策的一个常态特征（Chen 等，2011）。但是，将积极管理中央银行资产负债表的"规模"和"组成"作为一项货币政策工具，仅仅在宏观经济和金融形势非常严峻的背景下采用。历史上，20 世纪 60 年代早期美联储的扭曲操作（Operation Twist）、2001—2006 年日本中央银行的量化宽松（quantitative easing）都属于资产负债表政策。

资产负债表综合反映中央银行各项活动所引致的资金来源分布状况和资金使用配置状况，它涉及诸多复杂的经济活动和金融活动。在正常情况下，中央银行对其资产负债表是一种被动的管理，其流动性管理操作只对政策利率目标值的实现起技术性支撑作用。2008 年国际金融危机爆发后，中央银行主动加强资产负债表的管理，中央银行资产负债表从后台走向前台，扮演着重要的货币政策工具角色。

为了有效发挥中央银行资产负债表的政策工具作用，提高中央银行应对金融危机的能力，理论和实践两个方面都需要做进一步深入系统的研究，本书的研究具有一定的学术意义和实践价值。

一是探讨资产负债表政策的理论基础和框架体系构建。作为应对金融危机的非常规货币政策，资产负债表政策的理论基础体现在哪些方面？如何围绕政策工具、中介目标、最终目标和传导渠道，构建资产负债表政策的框架体系？资产负债表政策具有怎样的国际溢出效应和分配效应？随着此次国际金融危机后资产负债表政策的大规模实践，有关资产负债表政策的理论研究有待进一步深入。

二是探寻资产负债表政策的最优实践。主要经济体中央银行资产负债表政策的设计，不仅反映了制度环境和融资结构的既定特征，也体现了常规货币政策操作框架的特征。通过比较不同中央银行资产负债表政策的实践，分析影响资产负债表政策设计和实施的因素，为完善中央银行的危机管理框架和货币政策工具创新寻求有益的启示。

三是促进我国中央银行资产负债表政策研究的进一步深入。自 2013 年以来，我国中央银行资产负债表政策的实践，主要体现为结构性货币政策的实施。分析主要经济体中央银行应对国际金融危机的措施及对其资产负债表的影响，有利于为我国中央银行货币政策的制定和中央银行资产负债表管理提供有益的借鉴。

二、国内外研究现状

资产负债表政策的研究，首先需要对其进行概念上的界定。从广义上讲，可以将调整中央银行资产负债表规模和组成的政策，统称为资产负债表政策。Borio 和 Zabai（2016）将资产负债表政策细分为汇率政策、准债务管理政策、信贷政策、银行准备金政策和资产负债表的前瞻性指引。从狭义上讲，在国际金融危机后非常规货币政策的研究文献中，资产负债表政策主要指的是量化宽松和信贷宽松。

Fawley 和 Neely（2013）指出，信贷宽松的目的在于降低某些特定的利率水平并修复金融市场的功能，而量化宽松则意在增加中央银行的负债，即增加中央银行存款准备金账户的余额。中国人民银行 2009 年第一季度《中国货币政策执行报告》指出，与传统货币政策工具不同，量化宽松政策被视为一种非常规货币政策工具，它是指中央银行在实施零利率或近似零利率政策后，通过购买中长期债券，增加基础货币供给，向市场注入流动性的一种干预方式。

在国际金融危机背景下，中央银行资产负债表从传统操作框架下的附属地位被提升至货币政策工具的地位。Curdia 和 Woodford（2010）拓展了标准的新凯恩斯模型，将中央银行资产负债表的角色考虑进宏观经济均衡的决定，探讨了银行准备金供给变动、中央银行购买资产对象变动和准备金利率变动等政策措施与利率政策的关系。他们认为，中央银行资产负债表应被视为一项货币政策工具。

Bernanke（2010）认为，资产组合再平衡渠道是大规模资产购买影响长期利率的主要渠道。一旦短期利率降至零利率下限，中央银行从公众手中购买证券，通过改变公众持有资产的数量和组成，可以直接影响长期利率。D'Amico 等（2012）认为，中央银行大规模购买某一期限的资产，通过稀缺性渠道将会导致其他类似期限资产的价格上升、收益率下降。稀缺性渠道某种程度上可视为资产组合平衡渠道的一个分支，但之所以独立出来，是因为其只针对具有类似期限的资产，而不是所有期限的资产。

实证研究表明，主要经济体的资产负债表政策实践在改善融资状况和促进经济复苏等方面取得了显著的积极效应。但是，从政策效果上看，大规模资产购买呈现出规模报酬递减的特点，第一轮资产购买比后面几轮的效果更显著，而且大多数资产购买效应是在购买计划声明发布而非购买计划实施时产生的。Krishnamurthy 和 Vissing‐Jorgensen（2013）针对美联储资产购买对10年期国债收益率影响的研究表明，第一轮量化宽松每1000亿美元的资产购买，导致10年期国债收益率下降超过0.06%；第二轮量化宽松，同样规模的资产购买导致10年期国债收益率降低0.03%；而同样规模的"期限延展计划"导致10年期国债收益率下降0.0175%。

尽管国际金融危机背景下，中央银行资产负债表政策的实施主要是为了解决国内经济问题，但由于经济体彼此高度相互依存，这些政策往往产生广泛的国际溢出效应。Bernanke（2015）指出，美国的量化宽松政策一般可通过三条渠道影响其他国家。首先，取决于本币贬值的程度，量化宽松政策导致的贸易差额调整将会增加美国的产出，而牺牲其贸易伙伴。其次，如果量化宽松政策导致美国的需求上升，很有可能会抵消汇率的影响，带来国内和国外产出的增加。最后，美国的量化宽松政策可能会降低全球无风险利率和风险溢价。

Neely（2015）认为，美国量化宽松政策主要通过降低国际长期债券收益率和美元价值两个方面对国际社会产生显著影响。Chen 等（2016）研究认为，美国数轮量化宽松政策对发达经济体持续的经济衰退和通货紧缩具有抑制效应，且政策溢出效应在新兴市场经济体中表现更为显著；对于中国、巴西等一些新兴市场经济体，美国量化宽松政策有助于其国际金融危机之后的经济复苏，同时也是其2010—2011年经济过热的重要外在影响因素。陈虹和马永健（2016）利用面板向量自回归模型研究了美国量化宽松政策的国际溢出效应，结果表明，量化宽松政策对发达经济体与发展中经济体的影响差异较大，如果政策以美联储加息形式退出，将对发展中经济体的经济运行带来不小的挑战。

　　资产负债表政策的持续实施，对收入与财富分配也存在一定的潜在负面效应。关于超宽松货币政策的分配效应，迄今为止实证研究的结论还不十分明确。一些研究发现，超宽松货币政策增加了收入不平等（Saiki 和 Faust，2014；Guerello，2016）和财富不平等（Domanski 等，2016；Adam 和 Tzamourani，2016）；而其他一些研究则认为，中央银行采取的这些应对危机的政策行动，降低了收入不平等。欧洲中央银行行长 Draghi（2016）指出，"毫无疑问，非常规货币政策中期内通过宏观经济渠道会产生积极的分配效应。最重要的是，通过降低失业，对那些贫困居民更为有利。更快地回到充分就业的状态，有利于降低未来的不平等"。Bivens（2015）研究认为，"相比不采用货币刺激的情形，美联储的大规模资产购买通过对产出稳定的影响，显著地降低了不平等"。英格兰银行（2012）对其 2009—2012 年量化宽松实践的研究发现，其资产购买对整体经济环境的改善有利于大多数居民。

　　资产负债表政策会纳入常规工具箱吗？Constâncio（2017）认为，鉴于金融市场已经发生的结构性变化，有充足的理由支持将资产负债表工具保留在货币政策工具包。主要的理由包括有担保货币市场交易的角色不断提升、隔夜利率之外其他多种市场利率的重要性、非银行金融机构在以市场为主导融资中重要性的提升，以及影响市场运行和抵押物管理的安全资产稀缺性。Duffie 和 Krishnamurthy（2016）及 Greenwood 等（2016）都强调美联储"逆回购协议计划"的重要性，认为中央银行应该保持大规模的资产负债表。Duffie 和 Krishnamurthy（2016）认为，美联储通过"逆回购协议计划"，可以与更多交易对手方进行逆回购操作和影响更多的利率，进而促进货币政策的有效传导。Greenwood 等（2016）认为，为了实现对安全资产供给的调控，中央银行有必要保持一个规模较大的资产负债表，特别是通过逆回购协议计划（RRP）来建立期限较短的安全资产。通过逆回购协议计划，美联储可以向相当大范围的投资者弹性地供应无风险资产，有助于缓解高质量高流动性资产的短缺。

三、主要研究内容

第一章为中央银行资产负债表政策概述，探讨了国际金融危机前后中央银行资产负债表的角色变化，在分析资产负债表政策的含义与分类的基础上，对资产负债表政策与非常规货币政策、资产负债表管理等概念进行了区分，对资产负债表政策的特征及面临的挑战进行了探讨。

第二章为中央银行资产负债表政策的理论分析，围绕流动性陷阱理论、资产负债表衰退理论、金融加速器理论等分析了资产负债表政策的理论基础，从最终目标、中介目标、政策工具和传导渠道四个方面探讨了资产负债表政策的框架体系，分析了资产负债表政策与银行贷款、通货膨胀之间的可能关系，并就透明度和问责、与相关政策的协调、操作设计与退出策略等方面，分析了资产负债表政策框架构建中需要注意的相关问题。

第三章为国际金融危机背景下中央银行资产负债表政策的国际实践，从制度环境、金融体系结构及传统货币政策操作框架等方面探讨影响中央银行资产负债表政策设计的主要因素，分析比较了此次国际金融危机爆发后美联储、欧洲中央银行和日本中央银行资产负债表政策的实践及其效果，并围绕中央银行如何应对零利率下限风险、资产负债表政策是否应该纳入常规工具箱等方面探讨了对未来货币政策工具创新的启示。

第四章为国际金融危机背景下中央银行资产负债表政策的国际溢出效应，围绕蒙代尔—弗莱明模型、多恩布什模型和新开放经济宏观经济学模型，探讨了货币政策国际溢出效应的理论基础。运用面板向量自回归模型（PVAR）和向量自回归模型（VAR），分析了国际金融危机后美联储与欧洲中央银行资产负债表政策的实施和退出，对全球 25 个主要经济体的国际经济效应，包括对全样本经济体的影响、本土经济效应、对发达与发展中经济体的影响及对不同汇率制度经济体的影响。

第五章为国际金融危机背景下中央银行资产负债表政策的分配效应，分析了货币政策与收入和财富分配之间相互影响的渠道，以美联储和欧洲中央银行为研究对象，分析了其资产负债表政策的收入分配效应和财富分配效应。由于基尼系数只能获得年度数据，中央银行资产负债表政策从 2008 年才开始实施，样本容量太少难以满足实证研究的需要，因此对收入分配效应主要是通过图表来进行分析。运用面板向量自回归模型（PVAR）和向量自回归模型（VAR），对美联储和欧洲中央银行资产负债表政策的财富分配效应进行了实证研究。针对欧元区，还特别分析了统一的资产负债表政策对欧元区核心国家和外围国家的财富分配效应。

第六章为国际金融危机背景下资产负债表政策的沟通。中央银行针对资产负债表政策的沟通，是指中央银行通过发布相关的信息，引导公众对未来资产负债表政策路径的预期，目的在于增进公众对资产负债表政策的理解，进而提高资产负债表政策的有效性。本章以美联储为例，不仅分析了国际金融危机前后其利率前瞻性指引的变化，还探讨了国际金融危机后其资产负债表政策前瞻性指引的实践，得出了对我国中央银行沟通有益的启示。

第七章为我国中央银行资产负债表政策的实践，分析了近年来我国中央银行资产负债表的新特点，探讨了我国中央银行资产负债表政策推出的背景、主要类型及存在的问题。选择常备借贷便利、中期借贷便利和抵押补充贷款作为我国中央银行资产负债表政策工具的代理变量，运用 VAR 模型对我国中央银行资产负债表政策的有效性进行实证研究，并就完善我国中央银行资产负债表政策提出了相关的政策建议。

四、研究方法

在本书的研究过程中，主要采用以下研究方法：

一是文献研究法。本书通过收集、阅读大量的国内外文献，系统梳理国内外中央银行资产负债表政策研究的相关文献，知晓研究动态。

二是比较研究法。本书不仅对主要经济体中央银行应对国际金融危机的资产负债表政策实践和效果进行比较，对美联储与欧洲中央银行资产负债表政策的国际经济效应进行比较，而且还对两大中央银行资产负债表政策的分配效应进行比较。

三是案例研究法。本书以美联储和欧洲中央银行为例，分析其资产负债表政策的实施和退出，对全球 25 个主要经济体的国际经济效应；以美联储为例，分析了国际金融危机前后其利率前瞻性指引的变化，探讨了其资产负债表政策前瞻性指引的实践。

四是实证研究法。本书运用面板向量自回归模型（PVAR）和向量自回归模型（VAR），分析了国际金融危机后美联储与欧洲中央银行资产负债表政策的实施和退出，对全球 25 个主要经济体的国际经济效应；运用 PVAR 模型和 VAR 模型分析欧洲中央银行和美联储资产负债表政策的财富分配效应；运用 VAR 模型对我国中央银行资产负债表政策有效性进行实证研究。

五、创新点

一是研究视角的创新。本轮国际金融危机后，本属于中央银行内部管理的资产负债表管理，其内涵和外延都脱离了会计和财务管理的范畴，被赋予了工具和政策含义。本书的研究主要围绕中央银行资产负债表政策展开，强调中央银行通过设计和运用一系列资产负债表政策工具，调整中央银行资产负债表结构、扩张或收缩资产负债表规模，加大对特定目标和领域的干预力度，实现宏观调控的目标。

二是研究内容的创新。本书围绕资产负债表政策的理论基础、框架体系、国际实践、国际经济效应、分配效应等方面进行探讨，体现了研究内容的创新。围绕流动性陷阱理论、资产负债表衰退理论、金融加速器理论等探讨了资产负债表政策的理论基础，从最终目标、中介目标、政策工具和传导渠道四个方面探讨了资产负债表政策的框架体系构建。对主要经济体资产负债表政策国际经济效应的研究，包括对全样本经济体的影响、本土经济效应、对发达与发展中经济体的影响、对不同汇率制度经济体及对中国的影响。分析了美联储和欧洲中央银行资产负债表政策的财富分配效应；针对欧元区，还特别分析了统一的货币政策对欧元区核心国家和外围国家的财富分配效应。结合我国中央银行近年来结构性货币政策的实施，探讨了我国中央银行资产负债表政策的有效性。

三是研究方法的创新。本书研究方法的创新主要表现为实证研究方法的创新。运用面板向量自回归模型（PVAR）和向量自回归模型（VAR），分析了国际金融危机后美联储与欧洲中央银行资产负债表政策的实施和退出，对全球 25 个主要经济体的国际经济效应。对于美联储本土经济效应和对中国的影响，由于 PVAR 模型只适合于面板数据，无法识别政策对单一经济体的影响，因此分析时采用的是滞后 5 阶的 VAR 模型。运用 PVAR 模型和 VAR 模型，分析两大中央银行资产负债表政策的财富分配效应；运用 VAR 模型对我国中央银行资产负债表政策有效性进行实证研究。

六、主要观点

第一，中央银行资产负债表已成为一个新型货币政策工具。正常情形下，中央银行主要采用短期利率作为调控经济的政策工具。从传统货币政策的角度看，很大程度上取决于银行准备金需求的中央银行资产负债表，无法独立于短期利率而作为一项货币政策工具，中央银行资产负债表状况很少受到广泛关注。2008 年国际金融危机爆发后，中央银行将其资产负债表成功地打造成一项新型的货币政策工具，使中央银行在零利率下限背景下能继续为经济和金融体系提供必要的流动性和刺激，提高了中央银行应对危机的灵活性。

第二，资产负债表政策工具可考虑纳入中央银行常规工具箱。此次应对国际金融危机的过程中，非常规资产负债表政策对于修复金融市场功能、促进经济复苏发挥了积极的作用。随着中央银行逐渐退出超宽松货币政策，资产负债表政策工具是否应保留下来纳入常规工具箱呢？对于一些经济体而言，鉴于金融市场已经出现的结构性变化，有充足的理由支持将中央银行资产负债表政策工具纳入常规工具箱。这些理由包括有担保货币市场交易的角色不断提升、隔夜利率之外其他多种市场利率的重要性、非银行金融机构在以市场为主导融资中重要性的提升，以及影响市场运行和抵押物管理的安全资产稀缺性。资产负债表政策的实施，有利于扩大中央银行的交易对手和影响更多的利率，进而促进货币政策的有效传导。

第三，中央银行应高度重视货币政策行动的分配效应。鉴于分配差距扩大对金融稳定和货币政策有效性的潜在影响，中央银行应高度重视货币政策行动的分配效应。首先，需要深入地探讨货币政策与收入和财富分配之间的相互作用渠道。中央银行每年可在某个关键报告中有一章专门讨论货币政策的分配效应，并采用特定的指标来衡量其政策行动对企业和家庭的影响。其次，在讨论、制定货币政策时，中央银行需要明确其政策行动的潜在获益者和受损者，确保其政策选择的成本和收益不会过于分布不平等。不同的收入和财富结构会影响货币政策传导渠道，最优的货币政策需要体现这一点。最后，货币政策应该加强与其他政策的配合，通过财政政策和提高劳动力技能的政策等来应对货币政策可能导致的分配效应。

第四，我国需要积极应对主要经济体中央银行资产负债表政策的溢出效应。基于实证研究结论，可以得到以下四个方面的启示：一是欧洲中央银行与美联储非常规资产负债表政策对我国的工业产出和相关经济活动的影响比较显著，一定程度上反映出中国经济需要更加注重内涵式发展和高质量发展，以提高经济的韧性和竞争力。二是对外贸易是非常规资产负债表政策作用于我国宏观经济的重要通道。在贸易保护主义抬头、主要经济体货币政策不同步的背景下，有效避免贸易摩擦和货币政策溢出效应相互叠加的多重影响是当务之急，因此需要适当调整对外贸易结构，实行高水平贸易与投资自由化便利化政策，降低对单一国家或地区贸易的依赖程度。三是防范"明斯基时刻"，避免资产价格的大幅波动或崩溃。由于物价水平、实际有效汇率和股市指数均与资产价格存在直接联系，而非常规资产负债表政策会对这些指标产生诸多影响，因此需要密切关注和警惕。四是中国须积极加入国际宏观经济政策的协调工作，加强国家或地区之间的政策联动，不仅包括货币政策，也包括财政政策、贸易政策等，以趋利避害，放大正面溢出效应，减少负面外部影响，从而为新时代中国经济高质量发展创造有利的外部环境。

第一章

中央银行资产负债表政策概述

本章探讨了 2008 年国际金融危机前后中央银行资产负债表的角色变化，在分析中央银行资产负债表政策含义与分类的基础上，对中央银行资产负债表政策与非常规货币政策、资产负债表管理等概念进行了区分，对中央银行资产负债表政策的特征及面临的挑战进行了探讨。

一、国际金融危机前后中央银行资产负债表的角色变化

中央银行资产负债表反映着中央银行的资金来源和资金运用在各种金融负债和资产上的配置，它既是实施货币政策的结果，也是进一步实施货币政策的基础。在经济金融运行正常的情况下，中央银行的资产负债表规模增长平稳，结构也比较简单，资产以再贷款再贴现和国债为主，负债以流通中的货币和商业银行准备金存款为主。在正常情况下，中央银行资产负债表的变动主要是对公开市场操作等货币政策行动所作出的被动反应。危机爆发后，金融市场陷入混乱，传统货币政策失效。在应对国际金融危机的过程中，中央银行资产负债表从后台走向前台，从传统操作框架下的附属地位提升至货币政策工具的地位。

（一）传统框架下中央银行资产负债表的附属地位

2008 年国际金融危机爆发之前，尽管经济金融结构和货币政策操作传统存在差异，绝大多数国家或地区的中央银行都是将利率作为货币政策调控变量。中央银行常常通过隔夜同业拆借利率目标值来体现货币政策取向，比如，美联储的隔夜联邦基金利率。隔夜同业拆借利率水平常

常受中央银行向银行体系供给准备金价格的影响。中央银行根据银行对准备金的需求，向银行体系注入准备金，以引导同业拆借利率的实际水平与中央银行宣布的政策利率目标值趋于一致。

在传统货币政策操作框架下，货币政策的实施具有两个基本要素：一是对拟实施货币政策立场的信号传递机制；二是使该货币政策真正生效的资产负债表操作。信号传递机制是中央银行宣布期望的政策利率目标值，相应的流动性管理操作只对政策利率目标值的实现起技术性支撑作用，不包含任何与货币政策立场相关的信息或意图。也就是说，当货币政策工具是短期利率时，中央银行资产负债表的规模与组成不提供货币政策立场的任何信息，中央银行资产负债表处于附属的地位。

（二）国际金融危机后中央银行资产负债表的货币政策工具地位

中央银行资产负债表的扩张主要源于两个方面的原因：一方面，是特殊流动性操作的结果。从性质上看，表现为传统的最后贷款人操作，而非货币政策干预；另一方面，是作为货币政策工具的资产负债表扩张。在短期名义利率接近"零利率下限"的背景下，通过资产负债表的扩张以进一步降低长期利率，为经济复苏提供所需要的刺激。

2008 年国际金融危机爆发后，中央银行强化资产负债表这一政策工具的使用，主要基于三个方面的动因：一是出于应对金融体系流动性紧张和管理国际金融危机的需要，这与中央银行传统的最后贷款人功能是一致的；二是金融市场功能受损阻碍了货币政策传导，需要疏通传导渠道，以实现中央银行所期望货币政策态势的有效传导；三是当短期名义政策利率已降至零利率下限时，为了进一步降低长期利率，需要增加货币供给以扩大宽松货币政策态势。

在资产负债表政策实施的过程中，资产方和负债方分别扮演着不同的角色（Shiratsuka，2010）[①]。资产方，中央银行通过直接购买信贷产品

① SHIRATSUKA, SHIGENORI. Size and Composition of the Central Bank Balance Sheet: Revisiting Japan's Experience of the Quantitative Easing Policy [J]. Monetary and Economic Studies, 2010, 28（3）: 79 – 105.

替代无法正常运转的金融机构；负债方，金融机构在中央银行超额准备金的增加，则扮演着金融市场流动性风险资金调节池的角色。两者之间相互联系，金融机构无法正常运转导致其融资流动性风险大量增加，这又会导致对超额准备金的需求增加。

在应对国际金融危机的政策实践过程中，中央银行运用资产负债表这一政策工具的方式是多样化的，主要表现为：一是无限额地向银行体系增加流动性供给，以满足银行增加流动性的需求；二是向非银行部门提供直接贷款，或购买私人部门持有的有价证券、商业票据等资产；三是大规模购买中长期政府证券或政府担保的证券；四是提供明确的未来政策走势的前瞻性指引，包括未来可能采用资产负债表政策的条件。所有这些措施都会不同程度地带来资产负债表规模的扩张或结构的改变。

二、资产负债表政策的内涵与外延

此次应对国际金融危机的政策实践中，出现了诸多的新概念，包括非常规货币政策、信贷宽松、量化宽松、资产负债表管理等。通过比较资产负债表政策与这些概念之间的区别和联系，有利于更好地理解资产负债表政策的内涵和外延。

（一）资产负债表政策的界定

本书对资产负债表政策的界定：在金融体系面临流动性紧张、货币政策传导受阻和利率降无可降的背景下，为了稳定金融市场、缓解通缩压力和推动经济复苏，中央银行采用一系列非常规货币政策措施，通过调整其资产负债表的规模和组成，越过短期利率特别是隔夜利率，更为直接地影响远期货币市场利率、长期政府债券收益率和各种风险利差，这些非常规措施被称为资产负债表政策，以区别传统的以短期政策利率目标值调整为特征的利率政策（interest rate policy）。

基于对规模和组成的影响，资产负债表政策一般可分为信贷宽松和量化宽松两大类。狭义的信贷宽松是指，中央银行资产负债表的组成发生变化，而规模保持不变。比如，中央银行卖出短期国债，转而购买等额的长期国债。狭义的量化宽松是指，中央银行资产负债表的资产组成类型不变，但是规模却发生变化。比如，中央银行通过增加常规资产的购买数量来扩大中央银行资产负债表的规模。在实践中，中央银行采取的都是广义的信贷宽松和广义的量化宽松，既包括中央银行资产负债表组成的改变，也包括中央银行资产负债表规模的变化。未冲销的信贷宽松如果规模足够大的话，也会产生显著的宏观经济效应，导致在实践中很难明确区分信贷宽松和量化宽松。

伯南克（2009）将国际金融危机后美联储所采取的支持信贷市场的政策称为信贷宽松，认为其与日本中央银行2001—2006年采取的量化宽松是有区别的。量化宽松政策的焦点在于存款准备金的数量，中央银行资产负债表资产方贷款和证券的构成并不重要；而美联储的信贷宽松则更为关注其所持有的贷款和证券的构成，并通过贷款和证券的构成来影响信贷市场的状况。

Bini Smaghi（2009）指出，信贷宽松是通过对商业票据、企业债券、资产支持证券的购买来解决流动性短缺和某些市场的息差问题，而量化宽松则是扩大中央银行的资产负债表规模。

Fawley和Neely（2013）指出，信贷宽松的目的在于降低某些特定的利率水平并修复金融市场的功能；而量化宽松则意在增加中央银行的负债，即增加中央银行存款准备金账户的余额。

中国人民银行2009年第一季度《中国货币政策执行报告》指出，与传统货币政策工具不同，量化宽松政策被视为一种非常规货币政策工具，它是指中央银行在实行零利率或近似零利率政策后，通过购买中长期债券，增加基础货币供给，向市场注入流动性的一种干预方式。

（二）资产负债表政策与非常规货币政策的区别

此次应对国际金融危机的过程中，除了信贷宽松和量化宽松等非常规资产负债表政策措施，一些中央银行还采用了前瞻性指引、负利率政策等非常规措施。

前瞻性指引是中央银行针对未来政策可能路径的声明，是国际金融危机背景下中央银行加强预期管理的一项重要工具。随着政策利率接近零利率下限，前瞻性指引逐渐演变为一项强化货币政策宽松程度的工具，中央银行试图通过引导市场未来政策利率预期保持在低水平，以实现降低长期利率的目的。随着非常规货币政策工具的拓展，在不断强化利率前瞻性指引的基础上，主要经济体中央银行还补充了一种新的指引形式，即资产负债表政策的前瞻性指引。

负利率政策是指将商业银行在中央银行的存款利率设定为负值。负利率政策虽然本质上仍属于传统的利率工具，但由于突破了零利率下限，通常被视作非常规货币政策的一种。

可见，非常规货币政策的范围更大，资产负债表政策只是其中的一种。

（三）资产负债表政策与资产负债表管理的区别

此次国际金融危机爆发后，本属于中央银行内部管理的资产负债表管理，其内涵和外延都脱离了会计和财务管理的范畴，被赋予了工具和政策含义。中央银行资产负债表管理的本质就是通过设计和运用一系列货币政策工具，调整资产负债表结构、扩张或收缩资产负债表规模，加大对特定目标和领域的干预力度，实现宏观调控和促进经济结构调整。

本书的研究主要围绕中央银行资产负债表政策展开，内容包括资产负债表政策的理论基础、国际实践、传导渠道、溢出效应、潜在风险、政策沟通等方面。

国际金融危机爆发前，中央银行对其资产负债表是一种被动的管理，其流动性管理操作只对政策利率目标值的实现起技术性支撑作用。危机爆发后，中央银行主动加强资产负债表管理，将中央银行资产负债表提升至货币政策工具的地位。

三、资产负债表政策的分类

学者们从不同的角度对资产负债表政策进行了分类。Bernanke 和

Reinhart（2004）[①] 将资产负债表政策分为改变中央银行资产负债表资产方组成的政策和扩大中央银行资产负债表规模的政策；Stone（2011）[②] 将资产负债表政策分为着眼金融稳定的非常规资产负债表政策和着眼宏观经济稳定的资产负债表政策；欧洲中央银行（2015）将资产负债表政策分为三类，即被动资产负债表政策、主动资产负债表政策和或有资产负债表政策；Borio 和 Zabai（2016）将资产负债表政策分为汇率政策、准债务管理政策、信贷政策、银行准备金政策和资产负债表政策的前瞻性指引。

这里以欧洲中央银行（2015）的分类为例，重点介绍不同类型资产负债表政策的特征。

（一）被动资产负债表政策

被动资产负债表政策也称为流动性支持政策，它是指中央银行发挥其担负的最后贷款人功能，为银行体系提供流动性支持以应对金融体系的紧张局面。

在金融机构流动性出现系统性紧张时，其金融中介功能难以发挥。由于市场分割和出于谨慎动机的流动性囤积，同业拆借市场在不同市场参与者之间调剂中央银行准备金的能力减弱甚至完全丧失。在此情形下，银行体系对流动性的需求迅速上升，中央银行需要额外提供准备金以满足增加的流动性需求，以试图阻止潜在的具有破坏性的去杠杆过程。

此次国际金融危机爆发后，为了缓解同业拆借市场的严重紧张状态，特别是应对 2008 年 9 月雷曼兄弟破产之后的金融动荡，主要经济体中央银行作为最后贷款人从事了一系列的操作，向不同的银行部门提供流动性，导致中央银行资产负债表规模的扩大。中央银行的这些干预措施，不仅有利于降低同业拆借市场的利差，也有助于改善市场的整体运

---

① BERNANKE, B. and V. REINHART. Conducting Monetary Policy at Very Low Short – Term Interest Rates［J］. American Economic Review, 2004, 94（2）: 85 – 90.

② STONE et al. . Should Unconventional Balance Sheet Policies be Added to the Central Bank Toolkit［R］. IMF Working Paper, 2011.

行，恢复对经济的信心。

（二）主动资产负债表政策

流动性支持政策的整体效应取决于交易对手是否愿意借款及愿意以何种成本借款。尽管这些流动性支持政策可能足以保持金融市场的运行，阻止金融市场动荡向实体经济蔓延，但中央银行通过这一政策对广泛的融资状况影响有限，尤其是这些措施最终不足以阻止银行的去杠杆及由于限制性信贷条件可能导致的对经济的负面影响，这就要求中央银行更为主动地设计其资产负债表。主动资产负债表政策包括信贷宽松和量化宽松两类。

1. 信贷宽松

在某些情形下，中央银行无限制地为银行体系提供流动性可能还不足以修复功能受损的金融中介。中央银行的流动性供给尽管非常充裕，但往往只有一部分市场参与者可以获得，即只有中央银行的交易对手才可以获得。在风险规避时期，甚至这些参与者都不愿意进入功能受损的市场来分配其流动性。因此，为了改善那些对实体经济融资具有重要作用的关键市场运行，中央银行的直接干预会显得非常必要。

信贷宽松试图通过改变特定目标市场上特定借款人的市场利差来改善非金融部门的融资环境，从而恢复市场的融资功能，促进中央银行所期望的货币政策态势的传导。在着眼信贷宽松的干预过程中，中央银行资产负债表资产方的组成非常重要。因为资产负债表的资产方反映了货币当局的调控意图，即中央银行希望改善融资条件的特定目标市场。为了实现这一目标，货币当局会更为积极地运用其资产负债表以改善或替代金融中介，疏通货币政策传导渠道，提高货币政策的有效性。

中央银行究竟采取何种信贷宽松措施，不仅取决于经济体的金融结构及中央银行可使用的政策工具，也取决于目标市场受损的具体特征。信贷宽松措施主要包括：（1）向中央银行常规交易对手之外的金融市场参与者提供流动性；（2）以常规货币政策操作中不被接受的证券作为抵押物以提供流动性；（3）直接购买金融机构持有的有价证券、商业票据等资产。

2. 量化宽松

当短期名义利率接近零利率下限时，常规利率政策操作空间有限，中央银行开始寻求通过非常规货币政策措施，以进一步增加货币政策的宽松态势。尽管信贷宽松也可以增加货币政策的宽松态势，但仅仅是特定市场的宽松可能还不足以达到中央银行实现政策目标所必需的宽松程度。这就需要设计一项工具，能创造更为广泛的宽松融资环境。为了实现这一目标，中央银行开始实施大规模资产购买，也就是通常所说的量化宽松。

资产组合平衡渠道是大规模资产购买影响金融市场的重要渠道之一，该渠道是基于私人部门资产组合中资产的不完全可替代性。在存在市场分割时，由于资产的不完全可替代性和有限套利，某一证券净供给的变化不仅会影响该证券资产的价格，也会影响类似金融工具的价格。比如，如果中央银行购买长期国债，一方面，将会导致长期国债的相对短缺，从而引起长期国债价格的上升、收益率的下降；另一方面，投资者会寻求重新平衡其资产组合，将卖出长期国债所获得的中央银行准备金转向风险更高的资产。通过这一途径，中央银行资产负债表的扩张通过推高各类资产的价格和降低长期利率来提供额外的货币宽松，从而创造更为宽松的货币环境。

资产组合平衡渠道的效应取决于中央银行干预规模的大小。从理论上讲，资产组合平衡渠道并不与特定类型资产的购买相联系，它强调的是所购买资产的规模对资产定价的重要性。针对特定目标市场的中央银行干预，由于是直接的传导，其对信贷环境的改善影响速度较快；相比之下，资产组合平衡渠道的传导较为间接，它需要一个溢出的过程，即新产生的流动性从一个市场传递到另一个市场，才可能影响与广泛的信贷有密切关系的那些价格。因此，为了获得显著的宏观经济效应，中央银行需要大规模的资产购买以实现货币政策的进一步扩张。

上述的分析在一定程度上解释了主要经济体中央银行资产购买计划

规模之大，以及这些购买计划主要是以政府证券作为购买对象的原因。政府债券市场，除其在经济中各类资产定价中的关键作用外，被认为市场规模足够大，使中央银行能购买必要的数量以创造广泛的宽松融资环境。在这一背景下，中央银行资产负债表资产方的规模不仅会影响资产组合平衡渠道的传导效果，而且会影响广泛融资环境的宽松程度。

（三）或有资产负债表政策

或有资产负债表政策可视为中央银行针对未来资产负债表政策路径的沟通，其实质是一种信号机制。或有资产负债表政策的运用，一方面，可体现特定条件满足时中央银行使用资产负债表政策的承诺。比如，欧洲中央银行采用的直接货币交易计划（Outright Monetary Transactions，OMT）。该计划下，欧洲中央银行承诺在特定条件满足时，将在二级市场无限量地购买欧元区成员国发行的政府债券，以应对政府债券市场出现的严重扭曲，避免欧元解体。尽管 OMT 出台后未被启动，但对缓解主权债务危机国家的偿债压力和稳定欧洲金融市场发挥了积极的作用。另一方面，中央银行可表明其资产购买计划未来持续的条件。比如，2015 年 1 月，欧洲中央银行在启动量化宽松政策时宣布，"资产购买将会一直持续到 2016 年 9 月，直到通货膨胀路径出现可持续的调整，与中期内实现低于但接近 2% 的通货膨胀目标趋于一致"。

四、资产负债表政策的特征

中央银行对其资产负债表规模和结构的管理，在缓解零利率下限导致的融资约束和管理危机等方面确实发挥了重要的工具作用。在应对此次国际金融危机的过程中，资产负债表政策的实施，有力地缓解了流动性的严重紧张，支持了关键金融市场的复苏。

（一）资产负债表政策的常规性与非常规性

作为中央银行应对国际金融危机的政策实践，资产负债表政策常常被视为非常规货币政策。其实，资产负债表政策本质上并不是非常规的。外汇市场干预，即中央银行独立于政策利率影响汇率，作为我们所熟知的一种资产负债表政策形式，在危机前就已经是一项常规货币政策工具。

基于对私人部门资产负债表结构的影响和特定目标市场这两条标准，Borio 和 Zabai（2016）将资产负债表政策分为汇率政策、准债务管理政策、信贷政策、银行准备金政策和资产负债表政策的前瞻性指引五种类型。其中，汇率政策是指中央银行在外汇市场上进行操作以影响私人部门的外汇净敞口，其目的是在任一给定的政策利率水平上影响汇率水平及其波动。外汇市场干预的特殊性主要表现在两个方面：一是购买对象是外币资产而非本币资产；二是其针对的是汇率而非某一国内资产价格。

在传统利率政策的实施过程中，政策利率是主要的沟通工具，传递了官方货币政策态势的信号。然而，政策利率的水平并不能完全决定政策刺激的程度。给定的政策利率可以与多种不同的收益率和资产价格相联系，进而导致各种不同的货币政策状况。由于长期利率是决定私人部门活动的关键变量，对于某一给定的短期利率水平，如果利率期限结构比较平坦，将会带来相对宽松的金融环境；而利率期限结构如果比较陡峭，则会带来相对紧缩的金融环境。因此，在正常情形下，中央银行在设定政策利率目标值后，主要是通过沟通其未来政策意向来有效影响长期利率。

2008 年国际金融危机爆发后，在金融市场功能受损及面临零利率下限约束的背景下，中央银行推出了针对长期货币市场利率、长期政府债券收益率和各种风险利差的操作。相比传统利率政策，这些操作带来了中央银行资产负债表规模、结构和风险的显著变化，因此被称为资产负债表政策。这些操作的作用机制及对中央银行资产负债表的影响与外汇干预是类似的，但是其所针对的目标市场是非常规的，有些甚至是前所未有的。正是因为这些目标市场的非常规，而非影响货币政策传导过程中政策利率以外的特定要素机制的非常规，才使危机后的资产负债表政策被视为非常规货币政策。Borio 和 Zabai（2016）对资产负债表政策的分类详见表 1.1。

表 1.1　　Borio 和 Zabai（2016）对资产负债表政策的分类

类型	含义	举例
汇率政策	在外汇市场进行干预	
准债务管理政策	针对公共部门债券市场的操作，主要目的是通过改变政府债券收益率，进而影响融资成本和资产价格	购买政府债券
信贷政策	针对私人债务和证券市场的操作（包括银行）	• 修改货币政策操作的抵押物、期限和交易对手条款 • 发放贷款 • 获取私人部门资产，包括股票
银行准备金政策（只有日本中央银行采用）	为银行准备金设定一个特定的目标值，而不管其资产方通过何种资产购买来实现	日本中央银行：中央银行将进行货币市场操作以实现基础货币每年以 60 万亿~70 万亿日元的幅度增加[1]
资产负债表政策的前瞻性指引	中央银行通过发布声明，以影响公众对中央银行资产负债表政策未来路径的预期	欧洲中央银行：资产购买将会一直持续到 2016 年 9 月，直到通货膨胀路径出现可持续的调整，与中期内实现低于但接近 2% 的通货膨胀目标趋于一致[2]

注：1. Bank of Japan，http：//www. boj. or. jp/en/announcements/release_2013/k130404a. pdf.

2. European Central Bank，http：//www. ecb. int/announcements/release_2015.

（二）资产负债表政策与利率政策的分离原则

资产负债表政策的一个关键特征，是其与利率水平可以完全分离。从技术上讲，只要中央银行可获得必要的工具来冲销这些政策导致的银行准备金扩张对利率的影响。这一分离原则意味着零利率政策的退出也可以独立于资产负债表政策进行。

Borio 和 Disyatat（2009）[①] 指出，资产负债表政策与利率政策的实施存在分离原则，一方面，中央银行可以不管其资产负债表的规模而设定短期利率；另一方面，中央银行可以在任何短期利率水平上实施资产负债表政策。即同样数量的准备金存款可以与不同水平的政策利率共存，同样的政策利率水平也可以与不同数量的准备金存款共存，关键在于准备金存款相对政策利率如何得到利息补偿。

下面结合中央银行对商业银行超额准备金付息的两种方式，探讨中央银行从商业银行直接购买资产对政策利率的潜在影响（见图 1.1）。

1. 第一种情形：对准备金支付的利率低于政策利率

通过贷记商业银行在中央银行的存款账户，中央银行完成对资产购买的支付，这一行为会创造银行准备金。一般而言，对于银行体系持有的超过法定准备金要求的超额准备金，中央银行支付的利率一般会低于政策利率（如图 1.1 方式 1 所示）。为了获得更大的经济利益，银行只会保留满足结算需要的准备金数量。因此，银行体系的准备金需求对准备金利率是非常不敏感的，准备金需求曲线实际上变成了一条垂直的线。

不管采用的是何种货币政策框架，满足银行结算所需的准备金数量是所有中央银行货币政策操作的根本任务，否则将会导致隔夜利率的大幅波动。如果中央银行提供的准备金数量超过了满足银行结算需求的准备金数量，银行会将多余的准备金在同业拆借市场上贷出，隔夜利率就会降至中央银行设定的超额准备金利率水平。如果存在准备金短缺，则会导致潜在的结算困难，隔夜利率将会被推至极高的水平或者中央银行隔夜贷款便利的利率上限。

一旦银行出于结算需要的准备金需求得到满足，中央银行仅通过传递其所期望的隔夜利率水平信号，就可以将隔夜利率设定在其希望的任何水平上，信号传递机制发挥了协调预期的工具作用。这意味着在设定隔夜利率水平时，中央银行甚至可以不需要公开市场操作。

---

① BORIO, C and P DISYATAT. Unconventional monetary policies: an appraisal ［R］. BIS Working Papers, 2009（292）.

由于中央银行对银行准备金市场的控制能力很强，货币政策的实施能够而且常常可以不需要中央银行资产负债表规模作出大幅的变化。对于关注短期利率水平设定的货币政策，中央银行资产负债表的整体规模主要由外生的或自发的因素决定，如公众的现金需求、政府存款和法定准备金要求。一般而言，这些因素随时间的变化非常小。在此情形下，如果要让隔夜利率免受资产购买的影响，需要中央银行采取资产出售、回购或发行中央银行票据等冲销措施以保持准备金数量不变。

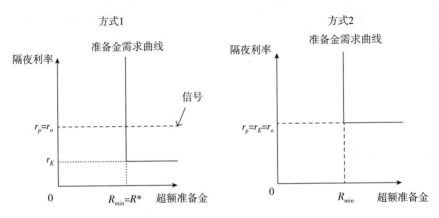

均衡 1：$r_p = r_o > r_E$；$R^* = R_{\min}$ 均衡 2：$r_p = r_o = r_E$

注：r_p = 政策利率；r_o = 隔夜利率；r_E = 对超额准备金支付的利率；$R_{\min}$ = 满足结算需要的最低准备金；R^* = 均衡时的准备金数量

图 1.1　对准备金付息的两种方式

2. 第二种情形：超额准备金利率等于政策利率（如图 1.1 方式 2 所示）

如果因为可用的冲销工具有限，中央银行不打算对准备金扩张进行冲销，中央银行仍然可以通过按照政策利率向准备金支付利息来避免准备金扩张对隔夜利率的影响。因为按照政策利率向准备金付息，实际上就是将持有超额准备金的机会成本变为零，在该利率水平上，中央银行可以提供其愿意的任意数量的准备金，导致在政策利率水平上准备金需求曲线变成了一条水平线，准备金实际上成为银行资产组合中其他短期流动性资产的近似替代物。当然，当政策利率达到或非常接近零利率下限时，即使不对准备金支付利率，机会成本也可以自动消除。

上述的分析表明，利率水平的设定与银行体系准备金数量之间可以保持非常大的独立性。只要中央银行拥有足够的工具，其资产负债表的规模和结构能够独立于政策利率进行管理。这一分离原则意味着，至少在理论上，退出当前的极低或者零利率政策可以独立于资产负债表政策进行。然而，在实践中，两者之间的这一分离不可能非常明显，特别是考虑到其对整体金融状况的影响。

（三）中央银行最后贷款人角色的补充

资产负债表政策的实施，体现了中央银行流动性管理从被动向主动的转变。被动的流动性管理操作，仅仅只是为了确保正常时期利率目标值的实现；而主动的流动性管理操作则是中央银行积极地影响更广泛的金融状况。我们可以从危机管理的角度来理解资产负债表政策，一方面，可以视为对中央银行最后贷款人角色的补充；另一方面，可以视为对常规货币政策的延伸。

除了制定和实施货币政策，中央银行的一个重要职能是发挥最后贷款人的作用。这一职能的核心目标是通过向金融机构或者金融市场提供流动性支持，以阻止或者至少是抑制金融不稳定。

传统的最后贷款人功能总是与特定机构融资流动性的严重短缺相联系。融资流动性是指，通过资产出售或借款等方式筹集大量现金或其等价物的能力。如果融资流动性严重短缺，某些金融机构将难以偿还或展期其债务。鉴于此类干预的机构特征，这类紧急流动性支持通常能与政策利率的制定明确区分开。

在某些情形下，中央银行面临的是融资流动性和市场流动性的双重系统性短缺。所谓市场流动性，是指能够迅速地买卖大量的资产而对其价格不产生显著影响的能力。市场信心的丧失和市场参与者的协调失败，将会导致某些关键金融市场的崩溃，进而导致双重流动性的短缺。2008 年国际金融危机清楚地表明，与金融中介机构一样，金融市场也会面临挤兑，而且这些挤兑本质上是受类似因素的驱动，这将会导致融资流动性和市场流动性突然和持续地蒸发，对金融体系和实体经济的稳定造成严重负面影响。

从金融稳定的角度看，资产负债表政策措施可以被视为中央银行应对融资流动性和市场流动性双重短缺所导致的危机而发挥的最后贷款人作用。中央银行干预的潜在目标，是通过恢复融资流动性和市场流动性以支持市场运行，进而提振对整个金融体系的信心，这通常会要求从可获得性和结构两个方面拓展中央银行流动性供给的范围。从这个意义上讲，针对特定目标市场的干预主要是为了改善市场运行。虽然这些干预会对广泛的经济状况产生积极的影响，但这并不是其主要目的。

（四）常规货币政策的延伸

由于中央银行针对特定目标市场的干预一般会影响整体金融状况，导致很难将其与货币政策态势区分开。鉴于此，可以从另外一个角度来理解资产负债表政策，即作为常规货币政策的延伸。当特定的货币政策传导渠道受阻或面临零利率下限约束时，单靠利率政策可能不足以实现期望的政策目标，此时资产负债表政策作为常规货币政策的延伸，在政策利率的基础上，直接影响资产价格、收益率和融资状况等更广泛的金融状况。

在正常情形下，最后贷款人和货币政策两者之间是明确区分的，前者关注金融稳定，后者关注宏观经济稳定。但是，在国际金融危机的背景下，两者之间的联系变得日益密切。确保金融市场持续运行的最后贷款人操作，其采取的干预措施可能会降低某些资产的流动性溢价。取决于风险溢价下降带来的融资状况宽松程度，这将会增加货币刺激。反过来，降低风险溢价和改善融资状况的货币政策干预有利于提振市场信心，这些货币政策干预措施有利于改善市场运行状况。

2008年国际金融危机后中央银行的干预可以从上述两个视角来分析。2007年8月，美国次贷危机爆发之初，主要经济体中央银行的干预主要是通过更灵活地提供中央银行流动性和政府证券，以保持关键市场的流动性。在这一阶段，最后贷款人视角明显占支配地位，表现为中央银行采取了多种紧急流动性支持措施。比如，美联储的定期拍卖便利，英格兰银行的特别流动性计划。

随着雷曼兄弟破产倒闭后国际金融危机的蔓延，以及金融体系动荡对实体经济溢出效应的加剧，货币政策视角变得更为重要。中央银行所采取的干预措施具有明确的目标，即改善更广泛的金融状况以支持中央银行货币政策目标的实现。典型的例子包括大规模购买政府债券以降低基准利率、购买抵押贷款支持证券以降低抵押贷款利率。

上述两个视角共同的特征是，其所涉及的相关操作会导致中央银行资产负债表规模、结构及风险的大幅变化。资产方，给银行提供的远期融资、购买对企业的短期债权等，都称为信贷宽松，凸显以合理的成本提供私人信贷的意图。负债方，量化宽松是指那些强调银行准备金供给的政策。

五、资产负债表政策实施面临的挑战

（一）准确制定和有效沟通中央银行的干预措施

首先，由于之前缺乏相应的资产负债表政策实践，相关传导渠道并不明确，以及缺乏一个广泛认同的框架来量化其效应，导致很难判断资产负债表政策措施的有效性，并确定合适的干预规模。其次，中央银行需要平衡好两个方面的角色，一方面是扮演私人部门活动催化剂的角色，另一方面是替代私人部门活动。中央银行需要特别注意，其采取的这些干预措施在那些获得支持和未获得支持的主体之间存在的潜在扭曲效应。最后，中央银行需要关注其他经济体的政策行动，加强与其他中央银行的政策协调，以提高资产负债表政策的有效性。

即使中央银行能够合理地制定资产负债表政策措施，其影响和有效性在很大程度上也会受中央银行如何沟通这些措施的影响。随着流动性管理操作被用来更直接地影响货币状况，官方的政策态势不再通过政策利率来体现，可能导致政策信号的清晰度下降。针对资产负债表政策的理由、特点、规模和时间等方面，强化与公众、市场的沟通，能够有效引导预期，避免中央银行的可信性问题，降低金融市场的波动。

（二）有效管理资产负债表政策与财政政策的关系

资产负债表政策与财政政策两者之间，可能存在比较大的重叠。最典型的例子是，当中央银行希望通过购买长期债券以降低其收益率时，其效果可能会被政府的债务管理行动所抵消。为了锁定低收益率，政府会发行更多的长期债券。理论上，几乎所有的资产负债表政策都可以由政府来实施。尽管中央银行对于利率政策具有垄断性，但是对于资产负债表政策并不是如此。

（三）资产负债表政策导致中央银行面临金融风险

如果资产负债表政策的实施导致中央银行遭受大量损失，在中央银行与财政当局就如何应对这些损失缺乏明确或隐性的分担协定时，中央银行的操作独立性就会受到威胁。在某种程度上，通过对合格抵押物的限制和使用保守的估值折扣，有些金融风险是可以控制的。但是，金融风险始终是资产负债表政策实施需要注意的一个问题。关键在于，与损失应对相关的制度因素在多大程度上可能会限制中央银行实施资产负债表政策的意愿和能力。

中央银行依赖资产负债表政策，就会面对由此导致的政策协调、操作独立性和责任分担等更多难以应对的问题。因此，有必要建立明晰的制度以解决潜在的冲突。同时，在中央银行政策行动与财政政策存在很大重叠时，应提高透明度以保护货币政策的独立性，加强会计处理、利润与损失分配原则和行动职责范围的信息披露。

（四）资产负债表政策的退出策略

由于利率政策与资产负债表政策之间的分离原则，理论上可以从两个独立的层面来探讨中央银行的退出策略：一方面是合适的利率水平，另一方面是合理的资产负债表结构。前者主要是基于传统的产出—通胀的考虑，后者则会受到市场运行状况和避免金融市场紧张等方面的影响。然而，在实践中，两者之间的这一分离并不是很明显。因为资产负债表政策对更广泛的金融状况会有影响，鉴于其对整体宏观经济的影响，其退出不容易与利率紧缩区分开来。

退出资产负债表政策面临的主要挑战，是如何恰当地选择退出的时机和节奏，这与利率政策的退出是一样的。如果退出过早，将会阻止初期的经济复苏。然而，历史经验表明，存在的更大可能性是过晚和过慢退出的风险。宏观层面上，担心的是过晚退出会导致新的金融不平衡累积或带来通货膨胀压力；微观层面上，担心的是过晚退出会弱化市场在缺乏官方支持下有效运行的能力，造成相关领域的扭曲。

需要强调的是，尽管资产负债表政策的退出原则很明确，但是实际的退出路径可能极具挑战性，存在很多的困难。比如，退出的沟通难度就很大，市场对退出声明的反应也很难预料；而且，由于资产负债表政策的传导渠道存在很大的不确定性，对中央银行的行动可能会存在误解的风险。比如，发行中央银行票据以回收银行流动性，可能错误地被解读为货币状况的紧缩。这些潜在问题表明，资产负债表政策的退出是面临很大挑战的。

第二章

中央银行资产负债表政策的理论分析

本章围绕大萧条理论、流动性陷阱理论、资产负债表衰退理论、金融加速器理论、利率期限结构理论分析了中央银行资产负债表政策的理论基础，从最终目标、中介目标、政策工具和传导渠道四个方面探讨了中央银行资产负债表政策的框架体系，分析了中央银行资产负债表政策与银行贷款、通货膨胀之间的可能关系，并就透明度和问责、与相关政策的协调、操作设计与退出策略等方面，分析了中央银行资产负债表政策框架构建中需要注意的相关问题。

一、国际金融危机前的货币政策理论与实践

（一）国际金融危机前货币政策的新共识

20 世纪 80 年代中期到 2008 年国际金融危机爆发之前，主要发达经济体经历了一段高增长低通货膨胀，并且产出和通货膨胀波动较低的时期，被称为大缓和时期。

在这一时期，尽管宏观经济学家们存在着流派上的不同，但在基本观点和研究方法上趋于一致，形成了货币政策理论的新共识，主要体现在四个方面：一是在总需求管理中货币政策而不是财政政策发挥主导作用；二是中央银行要具备独立性；三是货币政策实施的关注点是最终目标而非中介目标；四是强调预期管理和政策可信度的重要性。

在货币政策执行上，Blanchard（2010）总结了次贷危机之前主要经济体中央银行货币政策的主要特征，包括单一目标——稳定通货膨胀，

单一工具——政策利率，货币政策只要维持通货膨胀稳定，产出缺口就会较小，财政政策作用有限，金融监管不属于货币政策范畴等。

（二）国际金融危机前货币政策实施的基本原则

米什金（2007）将国际金融危机前主要发达经济体货币政策的指导思想概括为九个方面：通货膨胀是一种无处不在的货币现象；由于高通货膨胀会增加通货膨胀的波动进而导致金融扭曲，提高借贷成本，因此保持价格稳定显得十分重要；在长期失业率和通货膨胀之间不存在替代效应，长期菲利普斯曲线是垂直的；预期对通货膨胀和货币政策的传导都具有非常重要的影响；泰勒提出中央银行通过调整短期利率来稳定通货膨胀缺口与产出缺口，名义利率的提升应该大于通货膨胀率；货币政策受动态不一致的约束；中央银行独立性有助于提高货币政策效率；名义锚有助于提高货币政策的效率；金融摩擦在经济周期中发挥重要作用。

二、资产负债表政策的理论基础

资产负债表政策的实施源于学术界对 1929—1933 年大萧条时期货币政策的反思，Friedman、Schwartz 等学者对货币因素如何帮助经济摆脱萧条进行了开创性的研究，相关研究成果奠定了资产负债表政策的理论基础。2001 年，日本中央银行率先开始了量化宽松政策的实践，以 Krugman、Bernanke 等为代表的学者对资产负债表政策的相关理论展开了进一步的研究。2008 年国际金融危机爆发之后，随着资产负债表政策的大规模实践，有关资产负债表政策的理论研究进一步深入。

（一）大萧条理论

关于 1929—1933 年大萧条成因及其复苏的分析，一直是宏观经济学领域最富争议性的问题之一。

凯恩斯主义认为，总需求水平的大幅下降是引发大萧条的重要原因。鉴于货币政策在应对"流动性陷阱"时的失效，应从需求管理的角度，运用财政政策来应对危机。凯恩斯（1936）认为，1929—1933 年大萧条爆发的根本原因在于投资不足导致的有效需求不足。经济史学家 Temin（1976）对大萧条的成因做了进一步的分析，认为总需求下降的确是导致大萧条的原因，但他并不认同凯恩斯过分强调投资支出下降的观点。在对美国的历史数据进行详细的研究之后，他认为，投资支出的下降不是大萧条的主要原因，是消费支出的下降导致了总需求的下降，而总需求的下降最终引发了大萧条。Romer（1990）指出，1929 年美国股市暴跌对国内一系列支出造成了冲击，这些冲击对于大萧条的产生具有关键性的作用。在对大萧条成因进行深入分析的基础上，凯恩斯主义者指出，财政政策是应对大萧条的政策选择。

以弗里德曼为首的货币主义学派，从货币角度对大萧条的成因展开研究，对大萧条的成因给出了完全不同的解释。他们认为，货币供应量下降才是导致大萧条期间经济不景气的主要原因。通过对大量经验数据的研究，Friedman 和 Schwartz（1963）证明了大萧条时期银行大面积破产与美联储实行的从紧货币政策有关。他们认为，大萧条之初货币存量的小幅收缩逐渐演变成 1930 年末的银行倒闭风潮，金融机构的大规模倒闭使货币存量和货币乘数急剧下降，而美联储错误地采取了提高贴现率的政策，导致货币存量进一步下降，从而使一次普通的经济衰退最终演变为一场史无前例的大危机。据此，他们认为出现大萧条的很大原因在于美联储错误的政策，如果美联储能采取宽松的货币政策，那么大萧条是可以避免的。Friedman（1969）指出，在极低利率下还是能够通过继续增加货币供给改变公众通货膨胀预期来干预经济，甚至中央银行可以绕过金融中介，直接向消费者放贷来提供实体经济所需流动性。这些观点为中央银行量化干预的可能性提供了理论支撑。

Romer（1992）分析了货币政策和财政政策在帮助美国摆脱大萧条中发挥的作用。研究表明，在推动美国经济复苏方面货币政策发挥了显著的作用，而财政政策发挥的作用有限。相关实证分析均支持货币因素在促进经济复苏方面所具有的积极作用。

（二）流动性陷阱理论

"流动性陷阱"这一概念是凯恩斯（1936）在其著作《就业、利息与货币通论》中提出的。当一定时期的利率降至极低水平时，人们就会产生未来利率只会上升而债券价格将下降的预期，货币需求弹性会变得无限大。此时，无论增加多少货币供给，都会被人们储存起来，而不会再去购买有价证券，流动性偏好趋于无限大。"流动性陷阱"导致货币政策失效，再宽松的货币政策也无法改变市场利率。

在凯恩斯"流动性陷阱"理论的基础上，结合日本在 20 世纪 90 年代的实际经济情况，Kruguman（1998）进一步提出了广义流动性陷阱的概念。他将"流动性陷阱"定义为在名义利率为零或接近于零、传统货币政策失效的情况下，由于私人部门将基础货币和债券视为完全可替代，向经济中注入基础货币将不会产生效果。他认为，日本经济在 20 世纪 90 年代就陷入了"流动性陷阱"。他指出，如果存在"流动性陷阱"，那一定是因为市场预期货币供应量的增加不可持续；如果市场预期货币供应量的增加将会持续，则会对经济产生作用。他认为，中央银行作出的在未来持续扩张货币政策的可信承诺是摆脱"流动性陷阱"的关键，而量化宽松政策将在改变人们预期和增加中央银行承诺可信性等方面发挥重要作用。

Bernanke 和 Reinhart（2004）提出了零利率背景下中央银行可采取的三项措施：一是管理公众对未来利率水平的预期；二是改变中央银行资产负债表资产方的组成，即中央银行通过改变持有资产的结构来改变市场上相应资产的需求，进而影响资产价格及收益率；三是扩大中央银行资产负债表的规模，即中央银行通过大量的资产购买行为增加基础货币供给，在利率达到零下限后依然可以通过扩张货币供给来进行调控。

（三）资产负债表衰退理论

辜朝明（2008）在《大衰退》一书中最早提出了资产负债表衰退这一概念。资产负债表衰退理论认为，特定的外部冲击会从根本上改变企业或个人的行为目标。在全国性的资产价格泡沫破灭后，大量私人部门（企业和家庭）的资产负债表都会随之处于资不抵债的状况，此时私人部门的经济行为目标会发生重大变化，由追求利润最大化转变成追求债务最小化。企业会把收入的大部分用于还债，而不是用于再投资，更不用说向银行借钱来投资了；家庭也会把收入的大部分用于还债，同时减少消费，信贷消费则几乎降为零。这种负债最小化模式下的行为最终导致"合成谬误"（Fallacy of Composition），即银行想放贷却找不到借方的异常现象。中央银行刺激信贷的政策操作会失效，哪怕中央银行把利率降到零，大家也不愿意借款，直到微观主体的资产负债表得以修复，经济运行才会恢复到正常状态。

在《大衰退》一书中，辜朝明指出经济衰退至少有两种不同形式：由经济周期造成的衰退及由企业资产负债表问题造成的衰退。与一般经济周期造成的衰退不同，资产负债表衰退处于衰退的时间持续更长。辜朝明认为，20世纪30年代的美国大萧条和90年代的日本经济衰退，都是典型的资产负债表衰退。

Krishnamurthy（2011）认为，次贷危机爆发后面对资产负债表的负向冲击，资产持有者会将资产变现，引起资产价格下跌，进而进一步恶化资产负债表，推动国际金融危机达到顶点，这成为放大国际金融危机的主要机制之一。因此，在这种情况下，资产负债表政策不仅要通过资产组合再平衡机制来发挥作用，还需要能够修复微观个体的资产负债表。

（四）金融加速器理论

Bernanke 等（1999）将由信贷市场条件变化所引起的对初始冲击的放大效应定义为"金融加速器"，其作用机制的关键是外部融资溢价与借款人净值之间的负向关系。外部融资溢价是指企业对外筹集资金的成本与内部融资的机会成本之差。

由于借贷双方信息不对称，从代理成本的角度看，外部融资溢价应该是大于零的。为降低外部融资溢价，企业会想方设法改善借贷双方的信息不对称，通常以企业的资产作抵押。因此，企业的净值会直接影响企业对外融资成本。企业的净值越大，可供抵押的资产越多，越有利于缓解信息不对称，进而获得成本更低的贷款；反之，企业净值越小，其将面临较高的外部融资溢价。

"金融加速器"的作用导致经济波动出现非对称性。在经济繁荣时，企业生存条件较好，内部资金充裕，再加上投资不仅受外部融资可得性的限制，还受到现有投资规模等因素的影响，此时"金融加速器"作用并不明显。但在经济萎缩时，企业内部融资困难，需要更多的外部融资来渡过危机，但减少的企业净值和恶化的现金流导致企业外部融资溢价上升，企业能够获得的可贷资金更少，这将加重企业负担，导致经济衰退更加严重。此时，"金融加速器"作用越强，经济陷入衰退的程度越深。

如果中央银行能够修复在国际金融危机中受损的私人部门资产负债表，这将有利于信贷市场功能的恢复，促进经济复苏。Eggertsson 和 Woodford（2003）认为，中央银行通过大量购买国债等方式提供流动性，有利于改善金融部门和私人企业的资产负债表，进而刺激金融信贷和私人投资支出。Gertler 和 Karadi（2011）在 CEE 模型（Christiano 等，2005）的基础上引入中央银行购买资产的行为方程，研究发现私人部门在国际金融危机中萎缩的资产负债表通过中央银行的参与可以得到修复，这一政策即使在零利率下限时也是有帮助的。

（五）利率期限结构理论

利率期限结构是在某一时点各种不同期限利率（到期年收益率）与到期期限之间的关系，在图形上表现为收益率曲线。传统的利率期限结构理论主要集中于研究收益率曲线的形状和原因，主要包括市场预期理论、市场分割理论和流动性偏好理论等。

在常规货币政策操作中，中央银行主要是采用利率工具调节经济。一般来说，中央银行货币政策能够影响的只是非常短期的利率，而长期利率才是决定消费、投资或出口等重要宏观经济变量的关键利率指标。

因此，中央银行的行为如何影响整个利率期限结构对理解货币政策传导机制十分重要。在短期利率面临零利率下限无法继续下降的背景下，中央银行可以直接购买长期债券对长期利率进行干预，这也成为后来中央银行购买长期债券来进行干预的理论来源。

三、资产负债表政策的框架体系

货币政策框架的组成要素主要包括最终目标、中介目标、政策工具和传导渠道。在国际金融危机背景下，资产负债表政策的框架体系也可以围绕上述四个要素来构建。

（一）资产负债表政策的最终目标

经济增长、物价稳定、充分就业和国际收支平衡是传统货币政策的最终目标。Stone（2011）根据政策目标的不同，将资产负债表政策分为着眼金融稳定的资产负债表政策和着眼宏观经济稳定的资产负债表政策。资产负债表政策作为应对国际金融危机的非常规货币政策，其最终目标主要表现为三点：一是修复功能受损的金融市场，维护金融稳定；二是促进宏观经济稳定；三是摆脱通货紧缩，稳定物价。

在国际金融危机爆发后的初期阶段，主要经济体中央银行推出的资产负债表政策措施，目的在于缓解金融体系的紧张，满足金融体系的流动性需求，以此促进金融稳定。比如，美联储在推出定期拍卖便利（2007年12月）、商业票据融资便利（2008年10月）等措施时指出，这些措施旨在促进更广泛金融市场状况的改善。欧洲中央银行实施担保债券购买计划（2009年5月）时指出，目的是支持对于银行融资非常重要，但是深受国际金融危机影响的特定金融市场。欧洲中央银行实施证券市场计划（2010年5月）时指出，目的是应对证券市场的无法正常运转，疏通货币政策传导渠道。

此后，随着国际金融危机对实体经济负面影响的进一步加深，中央银行采取的资产负债表政策措施，更为强调通过扩大货币政策的宽松态势，促进宏观经济稳定。比如，2009 年 3 月，美联储推出长期国债购买计划，指出目的是改善私人信贷市场的状况；2009 年 3 月，英格兰银行启用资产购买便利时指出，是货币政策委员会可用于货币政策目的的又一工具。2008 年 11 月，美联储宣布推出机构债券和抵押贷款支持证券购买计划，指出其目的是降低住房信贷的成本和增加住房信贷的可获得性，进而支持住房市场和促进广泛金融市场状况的改善。2010 年 10 月，日本中央银行在推出包括私人部门资产购买计划的综合货币宽松措施时指出，目的是促进风险溢价的下降。这些措施的目的是通过降低长期利率和借贷成本，促进宏观经济的稳定。

也有一些中央银行将资产负债表政策措施的最终目标确定为稳定物价。2001 年 3 月，日本中央银行在启用量化宽松政策时，指出其目的是阻止经济复苏中的价格下行，新举措将长期实施直至物价增长率稳定为正或者恢复同比正增长；2016 年 9 月，日本中央银行推出了新的货币政策框架——附加收益率曲线控制的量化质化货币宽松，承诺将继续扩张基础货币，直到可观察到的 CPI 增长率超过 2% 并且稳定地保持在该水平之上，目的在于尽可能早地实现 2% 的物价稳定目标。

(二) 资产负债表政策的中介目标

中介目标是指在货币政策实施过程中，为更好地观测货币政策的效力并保证最终目标的实现，在货币政策工具和最终目标之间插入的一些过渡性指标。中介目标必须具备可测性、可控性和相关性等特点。根据指标对货币政策工具反应的先后和作用于最终目标的过程，可分为近期中介目标（操作目标）和远期中介目标（中间目标）。对于传统货币政策，基础货币、存款准备金和短期利率常常作为操作目标，货币供应量和长期利率则作为中间目标。

笔者认为，2008 年国际金融危机爆发后，资产负债表政策作为传统货币政策的延伸，在政策利率面临零利率下限约束不能再降的背景下，中央银行通过采取针对性的措施，影响期限溢价和风险溢价，进而实现对长期利率的调控。中央银行通过调整仍有进一步下降空间的长期利率，进而实现实际利率的下降（见图2.1）。

图2.1　资产负债表政策传导渠道1

第一，期限溢价。因为长期利率本质上是未来短期利率路径的平均值加上期限溢价，在政策利率不能进一步下降的背景下，中央银行不仅可以通过发放长期贷款和购买政府债券来降低期限溢价；同时，中央银行还可以作出"未来短期利率路径将保持在较低水平"的承诺，即前瞻性指引，通过上述两种途径降低长期利率。在应对国际金融危机的过程中，美联储和欧洲中央银行通过多种措施的组合，比如大规模资产购买和利率前瞻性指引，以加强对长期利率的影响。

第二，风险溢价。在政府债券等无风险资产利率进一步下降空间很小的情况下，中央银行还可以通过购买风险资产来影响风险溢价。这一措施，在日本称为质化宽松，在美国则称为信贷宽松，其目的在于通过企业债券、商业票据等资产风险溢价的下降，进一步降低企业和居民的融资成本。这一措施是试图突破零利率下限对货币宽松效应约束的又一尝试。

另外，在资产负债表政策的实施过程中，也有一些中央银行将操作目标从利率转为基础货币（见图2.2）。2001—2006年，日本中央银行在实施量化宽松政策时，将操作目标从正常时期的无抵押隔夜拆借利率调整为商业银行在中央银行的经常账户余额；2013年4月，日本中央银行新推出了质化量化货币宽松（QQE），目的是在2年的时间内尽可能早地实现2%的物价稳定目标。为了实现提高长期通货膨胀预期的目标，日本中央银行将货币市场操作的主要操作目标从无担保隔夜拆借利率（政策利率）转向基础货币，基础货币年增长目标为60万亿~70万亿日元；2014年10月，日本中央银行宣布将对QQE进行拓展，基础货币的年增长额增加到每年 80 万亿日元。

图 2.2 资产负债表政策传导渠道 2

（三）资产负债表政策的主要工具

法定存款准备金率、再贴现和公开市场操作是常规货币政策工具的三大法宝。为了应对 2008 年国际金融危机后严重的经济下行，主要经济体中央银行相继采取了一系列资产负债表政策措施，主要包括以下三类。

1. 流动性供给措施

为了应对金融体系的紧张局面，中央银行采取了一系列非常规流动性支持措施。这些被动的资产负债表政策，体现了中央银行的最后贷款人功能，缓解了金融体系的紧张，有力地促进了金融稳定。

国际金融危机爆发后，金融体系流动性出现系统性紧张，同业拆借市场在不同市场参与者之间调剂中央银行准备金的能力减弱甚至丧失。在此背景下，银行体系对流动性的需求迅速上升，需要中央银行提供额外的准备金以满足增加的流动性需求。

除了满足银行体系的短期流动性需求，中央银行还可以为银行体系提供较长期的资金融通。金融紧张不仅影响隔夜同业拆借市场，也会影响远期货币市场、无担保的银行债券市场等较长期融资市场。为了满足危机时期银行较长期流动性需求的上升，中央银行还延长了其流动性干预的期限。比如，欧洲中央银行将其再融资操作的期限延长至 3 年。

此外，中央银行通过扩大合格抵押物的覆盖范围、增加流动性供给的对象、改变流动性供给的方式等途径，为交易对手提供流动性支持。比如，美联储的短期标售工具（TAF）、欧洲中央银行的全额固定利率招标（fixed rate full allotment tenders），都体现了中央银行流动性供给方式的创新。主要经济体中央银行流动性宽松类工具情况详见表2.1。

表 2.1　　　　　　主要经济体中央银行流动性宽松类工具

中央银行	政策工具	参与机构	政策工具的操作
美联储（FED）	短期标售工具（TAF）	达到贴现窗口基本信贷要求的机构	中央银行事先公布拍卖的总金额，存款机构通过拍卖机制获得资金，抵押品范围与贴现窗口要求相同
	一级交易商信贷工具（PDCF）	一级交易商	一级交易商通过清算银行向中央银行提出申请，清算银行根据其抵押品计算可获得的信贷额，从而获得中央银行资金
	定期证券借贷工具（TSLF）	一级交易商	中央银行事先公布拍卖国债的相关信息，一级交易商以其债券作为抵押通过拍卖方式融得国债，期限为 28 天
	中央银行流动性互换	参与国中央银行	先后与欧洲中央银行、瑞典国家银行、英格兰银行、日本中央银行等签订美元流动性互换协议
欧洲中央银行（ECB）	长期再融资计划（LTRO）	成员国中央银行	期限从常规的 3 个月延长到 6 个月，再逐步延长至 3 年，实施规模最高达到 5300 亿欧元
	扩大抵押品范围	金融机构	扩大公开市场操作对象，减轻金融机构的资产负债表压力
	中央银行流动性互换	参与国中央银行	延长与英国货币互惠互换协议，要求英格兰银行必要时向欧洲中央银行提供英镑以换取等价值的欧元
日本银行（BOJ）	扩大抵押品范围	国内金融机构	把抵押品扩大到金融债券、对公共部门的贷款和美国等国发行的债券
	提高存款准备金目标设定值	商业银行	提高商业银行在日本中央银行的存款准备金目标设定值
	中央银行流动性互换	参与国中央银行	与中国人民银行签订中日双边货币互换协议

资料来源：根据主要中央银行网站资料整理。

2. 信贷宽松

Bernanke（2009）指出，美联储的信贷宽松是对其资产负债表的资产方实施积极管理，以影响资产负债表的资产规模和结构为主；而日本中央银行 2001—2006 年的量化宽松政策，是针对其资产负债表的负债方进行管理，受影响的主要是负债规模和结构。

2008 年 10 月 7 日，美联储推出的商业票据融资便利（Commercial Paper Funding Facility，CPFF）是信贷宽松的典型代表。商业票据是企业融资的重要渠道，但由于面临流动性压力，投资者不愿买进商业票据，特别是较长期商业票据，导致商业票据的发行量剧减，商业票据市场的融资功能几乎丧失。商业票据融资便利这一创新工具，旨在鼓励投资者重新参与到商业票据市场的贷款活动中。CPFF 旨在提高商业票据市场的流动性，为企业和居民提供更多的贷款。

流动性支持和信贷宽松存在不少相似之处，但在信贷宽松政策下，中央银行为了能有效影响市场利差，会更为主动地决定其资产负债表资产方的组成和规模。两者的区别在于：流动性支持主要是针对中央银行常规的交易对手；而信贷宽松涉及中央银行在非常规市场上的直接干预，所涉及的交易对手和资产类型都是中央银行常规操作模式之外的。

信贷宽松能否对经济产生积极影响，与短期名义利率是否达到零利率下限并无必然的联系。信贷宽松的有效性主要取决于目标市场对非金融私人部门融资的重要程度及这些市场的受损程度。比如，美联储实施的商业票据融资便利，是在短期名义利率未达到零利率下限的背景下实施的，有力地促进了商业票据市场功能的恢复，商业票据市场上的利率迅速下降。但是，在短期名义利率达到下限时，信贷宽松对经济的积极效应可能会更大。主要经济体中央银行信贷宽松类工具情况详见表 2.2。

表 2.2　　　　　　　主要经济体中央银行信贷宽松类工具

中央银行	政策工具	实施时间	参与机构	政策工具的操作
美联储 （FED）	资产支持商业票据货币市场共同基金流动性工具（AMLF）	2008 年 9 月	存款类金融机构和银行控股公司	存款类金融机构和银行控股公司从中央银行再贴现融资，用于向货币市场共同基金购买资产支持商业票据，所购票据作为融资的抵押品
	商业票据融资工具（CPFF）	2008 年 10 月	票据发行人	中央银行设立特殊目的机构（SPV），通过一级交易商购买票据发行者发行的无担保或者资产支持商业票据
	货币市场投资者融资工具（MMIFF）	2008 年 11 月	货币市场投资者	由私人部门成立 5 个 SPV，向合格货币市场投资者购买存单、商业票据等资产，SPV 的资金来源可通过中央银行的 MMIFF 机制融资
欧洲中央银行（ECB）	购买有资产担保债券	2009 年 7 月	欧元区银行	购买对象限于欧元区银行发行的资产担保债券，且该债券至少获得一家主要信用评级机构的 aa 级评级
日本银行（BOJ）	资产购买计划（APP）	2009 年 3 月	企业	直接购买评价在 A 级或以上的，到期期限为一年的公司债券；直接购买评级在 a－1 级，到期时间为 3 个月的商业票据或资产支持商业票据
	跨过商业银行向私人机构放款（便利公司融资）	2009 年 3 月	公司或私人机构	允许公司以资产支持商业票据、商业票据和公司债券作为抵押向中央银行借款；允许私人机构以公司债券作为抵押向中央银行借款

资料来源：根据主要中央银行网站资料整理。

3. 量化宽松

量化宽松强调扩大中央银行资产负债表的规模，即中央银行通过大规模资产购买增加基础货币投放，在利率达到零下限后进一步增加货币政策的宽松态势。

当短期名义利率接近零利率下限时，常规利率政策操作空间有限，中央银行寻求通过非常规措施进一步增加货币政策的宽松态势。尽管信贷宽松也可以增加货币政策的宽松态势，但仅仅是特定市场的宽松可能还不足以达到中央银行实现政策目标所必需的宽松程度。这就需要设计一项工具，能创造更为广泛的宽松融资环境。为了实现这一目标，中央银行开始实施大规模资产购买，也就是通常所说的量化宽松。主要经济体中央银行数量宽松类工具情况详见表2.3。

表2.3 主要经济体中央银行数量宽松类工具

中央银行	政策工具	实施时间	参与机构	政策工具的操作
美联储（FED）	中长期证券购买计划	2008年11月	房利美、房地美和联邦房贷银行	美联储购买房利美、房地美和联邦房贷银行的债券及抵押贷款支持债券（MBS）
	购买长期国债	2009年3月	承销银行	美联储通知主承销银行从其他投资者手中购买长期国债，然后美联储再从这些银行购买长期国债
欧洲中央银行（ECB）	证券市场项目（SMP）	2010年5月	二级市场交易商	可以在二级市场购买政府债券
	无限冲销购买计划（OMT）	2012年9月	国债市场	欧洲中央银行可以决定开始、持续或者停止购买欧元国债，对购入债券没有数量限制，但会将购入债券全部冲销掉
日本银行（BOJ）	资产购买计划及扩大购买计划	2009年3月	金融市场	大量购入日本政府债券，并连续八次宣布扩大购买规模

资料来源：根据主要中央银行网站资料整理。

（四）资产负债表政策的传导渠道

在国际金融危机背景下，传统的货币政策传导渠道严重受阻，导致货币政策失效。一方面，当利率已经降至极低水平时，基于对零利率下限约束的认识，市场认为利率不可能降为负，导致未来政策利率路径预期上升，这将会影响短期利率向长期利率的有效传导；另一方面，经济泡沫破裂导致企业的资产负债表受损严重，借贷需求严重不足；同时，货币市场流动性紧张带来的高风险溢价导致金融机构之间的信贷机制被破坏，在此背景下传统信贷传导渠道受阻。资产负债表政策的实施，不仅能疏通、支持传统货币政策渠道的传导，而且作为应对危机的非常规举措，其还有一些特定的传导渠道。

1. 信号渠道（The Signalling Channel）

信号渠道是指中央银行的政策行动或沟通，通过影响公众对未来政策走势、通货膨胀、不同资产相对稀缺性及风险和流动性状况等关键变量的预期，进而影响资产的市场价格。比如，中央银行拟对非流动性资产进行操作的声明，就可以提高投资者对这些非流动性资产的信心，进而降低其流动性溢价，促进交易活动和改善市场运行。

中央银行通过资产负债表政策成功地传递货币政策信号，涉及规模和时间两个维度。从规模上看，运用资产负债表政策表明中央银行实现政策目标的承诺，只有在反向操作成本足够大的时候才是可信的。因此，更大规模的资产负债表，意味着如果中央银行违背其保持低利率的承诺，将会付出高昂的成本。政策信号关乎中央银行未来的行动，资产负债表规模并不是显示中央银行承诺的唯一方式，时间维度也很重要。从时间上看，中央银行还可以通过以下方式来传递政策意图的信号：（1）流动性供给操作的期限；（2）所购买资产的剩余期限；（3）某些操作方式持续的时间。

2. 资产组合平衡渠道（The Portfolio Balance Channel）

Bernanke（2010）[①] 认为，资产组合平衡渠道是大规模资产购买影响长期利率的主渠道。20 世纪五六十年代，包括 Tobin（1958）[②] 在内的一些经济学家最早提出了该渠道，近年来，随着主要经济体资产负债表政策的实施，该渠道再次引起关注。该渠道认为，一旦短期利率降至

---

① BERNANKE, BEN. The Economic Outlook and Monetary Policy ［R］. Speech at the Federal Reserve Bank of Kansas City Economic Symposium, Jackson Hole, Wyoming, 2010. http：// www. federalreserve. gov/newsevents/speech/bernanke20100827a. htm.

② TOBIN, JAMES. Liquidity Preference as Behaviour towards Risk ［J］. The Review of Economic Studies, 1958（25）：65 – 86.

零利率下限，中央银行大规模的资产购买通过改变公众持有资产的数量和组成，可以直接影响长期利率。

资产组合平衡渠道的作用机制是：如果中央银行的操作改变了私人部门资产的组成，资产之间的不完全可替代性将会导致相对收益率的变化。如果中央银行购买长期国债，一方面，将会导致长期国债的相对短缺，从而引起长期国债价格的上升，收益率的下降；另一方面，投资者将会寻求重新平衡其资产组合，将卖出长期国债所获得的资金用于购买风险更高的资产，推高这些风险资产的价格，进而降低这些资产的收益率。另外，如果私人部门资产组合的改变带来更稳健的资产负债表、更高的抵押物价值和更多的净财富，将会放宽信贷约束，降低外部融资溢价，进而促进信贷增长。比如，如果中央银行从银行那里购买私人部门的风险证券，银行在中央银行的准备金存款将会增加，这将导致银行资产负债表整体风险的改善，不仅会增加银行的风险承担意愿，而且会增加投资者向银行贷款的意愿。

长期利率是影响经济主体支出决定的关键变量。长期利率包括两个要素：（1）一定期限内短期无风险利率预期的平均值；（2）风险溢价，即投资者对于持有该资产所承担风险所要求的额外回报。Gagnon 等（2010）[1] 认为，量化宽松通过影响上述两个因素中的任何一个因素都可以影响长期利率。但是，美联储的量化宽松主要是通过降低风险溢价进而降低长期利率。投资者所要求的"风险溢价"主要源于资产的违约风险、流动性风险或久期风险。就国债而言，违约风险理论上为零，流动性风险通常也低于相似期限的其他证券。因此，与国债相关的风险溢价很大程度上是源于投资者对于持有长期证券所承担风险而要求的额外回报（Gagnon 等，2010），对于久期风险所要求的额外回报一般称为期限溢价。

---

① GAGNON, JOSEPH, MATTHEW RASKIN, JULIE REMACHE, and BRIAN SACK. The Financial Market Effects of the Federal Reserve's Large – Scale Asset Purchases ［J］. International Journal of Central Banking, 2011.

资产组合平衡渠道的效应取决于中央银行干预规模的大小。从理论上讲，资产组合平衡渠道并不与特定类型资产的购买相联系，它强调的是所购买资产的规模对资产定价的重要性。针对特定目标市场的中央银行干预，由于是直接的传导，其对信贷环境的改善影响速度较快；相比之下，资产组合平衡渠道的传导较为间接，它需要一个溢出的过程，即新产生的流动性从一个市场传递到另一个市场，才可能影响与广泛信贷有密切关系的那些价格。因此，为了获得显著的宏观经济效应，中央银行需要大规模的资产购买以实现货币政策的进一步扩张。

上述的分析也在一定程度上解释了主要经济体中央银行资产购买计划规模之大，以及这些购买计划主要是以政府证券作为购买对象的原因。政府债券市场，除其在经济中各类资产定价中的关键作用外，被认为市场规模足够大，使中央银行能购买必要的数量以创造广泛的宽松融资环境。在这一背景下，中央银行资产负债表资产方的规模不仅会影响资产组合平衡渠道的传导效果，而且会影响到广泛融资环境的宽松程度。

3. 稀缺性渠道（The Scarcity Channel）

D'Amico 等（2012）指出，中央银行大规模购买某一期限的资产，通过稀缺性渠道将会导致其他类似期限资产的价格上升、收益率下降。稀缺性渠道某种程度上可视为资产组合平衡渠道的一个分支，但是之所以独立出来，是因为其仅仅针对具有类似期限的某些资产，而不是所有期限的资产。

D'Amico 等（2010）[①] 的实证研究表明，量化宽松通过存量效应和流量效应导致收益率曲线更为平坦。存量效应将某些期限的资产价格持续变化归因于该资产供给预期的变化，而非其他资产供给预期的变化。这一效应与稀缺性渠道背后的逻辑直接相关，而且证实了该渠道的存在；而流量效应则将某一期限资产价格的变化归于对该资产的持续购买

---

① D'AMICO, STEFANIA, and THOMAS B. KING. Flow and Stock Effects of Large – Scale Treasury Purchases［J］. Finance and Economics Discussion, Series, 2010（52）.

操作。两个效应的主要区别在于：存量效应认为价格变化是对未来资产供给预期变化的结果，而流量效应则认为价格变化是持续资产购买的结果。

Bernanke（2010）认为，2010年3月美联储暂停购买机构债券对长期收益率极小的直接影响，证实了D' Amico 等（2010）存量效应大于流量效应的研究结论。

4. 流动性渠道（The Liquidity Channel）

量化宽松通过提高市场流动性和改善市场运行，可以相应地降低所购买资产和类似期限资产价格中所包含的流动性溢价（Joyce 等，2011）[1]。作为长期资产可靠和主要的大规模购买者，中央银行为投资者提供了一种担保，鼓励投资者持有更多的这类资产和更活跃地交易这些资产，因为在需要的时候可以将资产卖给中央银行（Gagnon 等，2011）。

在国际金融危机的初期阶段，市场面临较为严重的流动性压力，投资者无法迅速、容易地卖出某类资产。特别是，机构债券和抵押贷款支持证券的收益率与国债收益率之间的利差达到历史高点，而且之前发行的国债收益率与新发行的国债收益率的利差也达到历史高点。Gagnon 等（2011）认为，这些利差某种程度上是低效市场运行和资本约束的结果。事实上，机构所遭受的大量资本损失和对新融资的限制导致了高利差。因为与机构相关的债券有20%的风险权重，而国债没有风险，资本约束导致与机构相关的债券相对国债处于劣势。在此背景下，第一轮的大规模资产购买计划缓解了市场面临的流动性压力，平滑了机构相关证券和旧国债的交易，有利于降低这些资产的流动性风险，进而降低其流动性溢价和收益率。

5. 安全性溢价渠道（The Safety Premium Channel）

Krishnamurthy 等（2010）认为，由于长期安全资产的违约风险很

① JOYCE, MICHAEL, DAVID MILES, ANDREW SCOTT, and DIMITRI VAYA-NOS. Quantitative Easing and Unconventional Monetary Policy – An Introduction ［J］. The Economic Journal, 2011.

低，市场对这些安全资产的巨大需求将会降低其收益率。当长期安全资产的供给下降时，这些资产的需求变得更难以满足，将会进一步降低其收益率，进而扩大长期安全资产与长期不安全资产之间的利差（比如，Baa 债券与 Aaa 债券之间的利差）。这一利差就是投资者对于其资产组合中持有更少比例安全资产所要求的安全性溢价。

Krishnamurthy 等（2010）区分了传统资本资产定价模型中的风险溢价与安全性溢价。他们将安全性溢价与投资者对安全资产特有的偏好习性联系起来。传统资本资产定价模型认为，投资者对于风险更高的资产要求更高的溢价，因而低风险资产与高风险资产之间存在利差；而安全性渠道认为，当低风险资产的供给下降时，这一利差将会更大。基于偏好习性理论的观点，随着安全资产供给的下降，购买者对安全性支付的边际意愿会上升，因而将会增加风险溢价（Krishnamurthy 等，2010）。

四、资产负债表政策对银行贷款和通货膨胀的影响

在资产负债表政策的实施过程中，关于银行准备金的角色，有两个方面需要考虑：一是准备金与银行贷款之间的关系，二是准备金与通货膨胀之间的关系。

（一）资产负债表政策、银行准备金与银行贷款

有关资产负债表政策的讨论通常会假定准备金的扩张与信用创造之间存在密切的联系，认为超额准备金的增加会导致银行增加贷款发放。这一观点主要基于两个方面的理由：一方面，准备金的不足约束了银行贷款的发放；另一方面，准备金的大量增加在某种程度上会增加银行的贷款意愿。这一观点的前提是货币乘数是稳定的。

也可以从另一个角度来分析。为了通过准备金扩张为实施资产负债表政策筹集资金，中央银行需要消除持有准备金的机会成本。消除机会成本的途径，既可以是中央银行按照它所期望的隔夜政策利率目标值对准备金支付利息，也可以是将隔夜利率降至存款便利利率下限或零利

率。通过消除机会成本，中央银行将银行准备金变成了具有足够吸引力的流动性资产，导致准备金与其他短期政府票据之间几乎完全可替代，准备金实际上成为很多流动性资产中的一种。因为能获得市场回报，准备金不再是闲置的资产，其与持有国库券是一样的。

这并不意味着中央银行就无法影响银行贷款。如果银行贷款是因为面临较大的融资约束而受限，比如，银行无法出售流动性较差的资产或难以借款，那么缓解这些约束的中央银行干预有利于鼓励贷款的发放。因此，如果银行未来的融资来源变得非常不确定，那么提供远期融资的中央银行操作会促进银行的放贷；银行贷款也可能是由于中央银行操作导致准备金大量增加，超过了基于谨慎动机的流动性需求的增加。但是，其潜在的机制是在融资变得困难或者不确定时，为银行提供了一项流动性资产，准备金成为能服务于这一目的的诸多资产中的一种。银行究竟是以准备金、一周国库券还是以一个月中央银行债券的形式持有流动性资产，对其贷款意愿和贷款能力不会产生决定性的影响。如果信贷需求确实存在，限制银行信用创造的主要因素是资本监管要求。

（二）资产负债表政策、银行准备金与通货膨胀

银行准备金的大幅扩张是否一定会导致通货膨胀呢？毋庸置疑，中央银行贷款发放和资产购买带来的宽松金融环境，通过刺激总需求会带来通货膨胀的压力。但需要指出的是，准备金增加本身并不会导致额外的通货膨胀效应。当资产负债表政策的实施导致银行准备金增加时，准备金应该被视为是类似于短期政府债券的另外一种形式的流动性资产。因此，通过准备金为资产负债表政策筹集资金，与发行短期中央银行票据一样，不会具有通货膨胀效应。

这意味着需要重新审视债务货币化可能导致通货膨胀的理由。这里担忧的问题是，政府债券购买及与此相关的银行准备金扩张可能会导致通货膨胀。为了解释这一问题，有必要区分利率政策操作的效应和政府债务融资改变的效应。

政府债券购买会带来超额准备金的增加。如果对超额准备金支付的

利率低于市场利率，准备金的注入就会将隔夜利率降至准备金利率（或存款便利利率）的水平，这实际上等同于利率政策的宽松，由此带来的任何通货膨胀压力很大程度上是源于此变化导致的总需求的常规扩张。

如果准备金的机会成本被消除，比如按照政策利率对准备金付息，政府债券购买导致的准备金扩张就不会影响隔夜利率。如果说这会对通货膨胀产生额外的影响，那么主要是因为这些操作导致更为平坦的收益率曲线对总需求的影响。比如，如果中央银行通过购买长期政府债券注入准备金，其对收益率和通货膨胀的净影响与政府融资从长期转化为非常短的期限并无不同。实际上，这一扭曲操作可以通过财政当局自身债务管理的改变来实现。

最终，任何与货币化相关的通货膨胀担忧应该主要是源于货币当局通过阻止利率上升来弥补财政赤字。也就是说，并不是政府支出融资本身（如以银行准备金或者短期政府债券的形式融资）会导致通货膨胀，而是因为其在不恰当的、持续时间过长的低利率水平下弥补财政赤字。尽管中央银行资产负债表规模和银行准备金水平都会反映政策的宽松态势，但是任何一个都不能代表整体的货币政策态势。

概括来讲，评估中央银行资产购买对银行贷款和通货膨胀的影响，关键在于中央银行的资产购买如何影响相对收益率进而影响总需求；或者如何影响市场流动性和信贷可得性。资产负债表政策主要是通过改变私人部门资产负债表的组成来发挥作用。当所交换的资产彼此之间不完全可替代时，资产购买的效应是最大的。在资产交换的过程中，中央银行始终都需要为私人部门提供一定形式的高流动性和低风险性的资产。这些流动性资产之间往往是高度可替代的，特别是在极低利率水平的情形下。因此，中央银行筹集资金的特定形式并不重要，最关键的是资产购买对象的选择。

五、资产负债表政策框架构建需要注意的问题

通过构建资产负债表政策的实施框架，有利于阐明中央银行决策的

动因，促进公众对资产负债表政策目标的理解，有利于降低决策的不确定性，进而提高资产负债表政策的有效性。在构建资产负债表政策框架的过程中，需要注意以下四个方面的问题。

（一）目标、透明度和问责

资产负债表政策的目标和框架应该基于中央银行的政策职责明确地设定。资产负债表政策的目标与中央银行的最终目标应该保持一致，比如，价格稳定、宏观经济稳定和金融稳定。对于资产负债表政策目标和操作框架的明确声明，有利于避免公众认为中央银行改变了其优先目标。

另外，对于启用资产负债表政策的理由、潜在风险和风险管理措施的解释，有助于公众比较经济结果与政策目标，进而提高中央银行的透明度与责任感。

1. 尽可能地解释资产负债表政策的传导机制和潜在风险

相比常规货币政策，公众对非常规资产负债表政策的很多方面都不熟悉，而且其传导机制也未被充分理解，具有高度的不确定性。另外，这些资产负债表政策可能存在非常大的金融风险、市场扭曲效应及金融机构和市场参与者的道德风险，中央银行有必要解释这些政策的潜在风险。因此，在实施资产负债表政策的过程中，中央银行应该解释其政策目标、重要传导渠道及评估其有效性的指标。

在很多情形下，中央银行需要仔细地解释资产负债表政策将如何发挥对经济的促进作用。这些解释可以通过多种方式，如发放小册子（如英格兰银行《解释量化宽松手册》）、中央银行高级官员的演讲（如伯南克 2010 年 8 月在 Jackson Hole 大会上就美联储长期证券购买发表讲话）、分析报告（如英格兰银行的工作论文《量化宽松对金融市场的影响》）。当实施的资产负债表政策措施涉及比日常操作更大的信用风险时，大多数中央银行都会解释是如何管理这些风险的。比如，美联储解释其风险管理框架，并且提供商业票据融资便利和定期资产支持证券贷款便利的更多细节。

2. 公布资产负债表政策的操作细节

危机期间，中央银行需要披露其非常规操作的关键特征。中央银行需要向交易对手和社会公众，披露资产负债表政策的操作细节，包括其拍卖条款和实际的使用情况，这有利于增进公众对资产负债表政策目标、传导机制和风险的理解。需要披露的信息，包括资产负债表政策导致的特定资产和负债科目的财务报表、资产负债表政策操作的拍卖结果及操作未完成的部分，包括类型、期限和风险状况。在大多数情形下，资产负债表政策的关键操作特征，都需要向公众披露，如合格交易对手、包含信贷要求和期限的合格工具、包含拍卖机制和抵押物范围的定价及操作的频率等。

3. 定期解释通过资产负债表政策实现政策目标的进展情况

鉴于对资产负债表政策的不熟悉和其实施的条件性，中央银行应该定期对资产负债表政策进行评估，包括实现主要目标的进展、面临的挑战及退出的前景，这将为市场和公众评价中央银行的表现提供重要的信息。美联储在很多场合提供了对其资产负债表政策有效性的评价，包括向国会提交的货币政策报告、中央银行官员的演讲（如伯南克 2010 年 10 月 15 日的演讲）及国会作证（如伯南克 2010 年 6 月在国会参议院作证）。

（二）加强与监管政策、财政政策的协调

1. 着眼金融稳定的资产负债表政策需要监管措施作为补充

中央银行的交易对手应该仅限于受到监管和有偿付能力的金融机构。然而，当中央银行向市场提供流动性支持以应对市场紧张时，可能存在这样的风险，即一些金融机构面临的不是临时性的流动性短缺而是偿付能力问题。因此，中央银行需要及时获取其交易对手财务状况的监管信息。如果是偿付能力不足，银行监管者和政府应该通过注资、购买等多种危机管理措施，解决偿付能力不足金融机构面临的问题。很多经济体的《中央银行法》，对于中央银行在危机管理中的角色作出了明确的规定。通常，中央银行的角色是为拥有充足抵押物的困难金融机构提供紧急流动性救助，而财政部门负责资本支持。

2009 年 3 月 23 日，美联储与财政部签署的联合声明中指出，美联储的最后贷款人贷款必须是基于抵押物，目的在于更广泛地改善金融或信贷状况，而且应该避免信贷风险和分配风险。2009 年 5 月 6 日，在宣布"财政部资本扶持计划"和"监管资本评估计划"时，包括财政部和美联储在内的美国重要监管者声明，资本的注入由财政部负责。

2. 资产负债表政策与财政政策之间应该有明确的区分

相比常规货币政策，资产负债表政策对政府预算的影响要大得多。比如，中央银行大量购买政府债券，有利于降低公共证券的收益率，从政府债务管理的角度上说这也是合适的。然而，一旦中央银行政策转向紧缩，中央银行与财政当局之间可能就会存在利益的冲突。还有一些资产负债表政策，比如，大量购买具有市场风险的私人部门证券及对银行准备金付息，也会对政府预算造成影响。因此，政策制定者应该就货币政策与财政政策的区别达成一致，以确保恰当的机构对各自的行动负责，政策得以最有效地实施。这一明确的分工，对于确保中央银行的独立性也很重要，特别是中央银行货币政策操作的独立性。

实践中，一些国家法律上规定，不允许中央银行在一级市场上购买政府证券。比如，在欧元区，《马斯特里赫特条约》禁止中央银行以任何形式向政府贷款。另外，一些中央银行的高级官员也经常向公众解释资产负债表政策并非财政赤字的货币化（如伯南克 2010 年 5 月 25 日的演讲）。当英格兰银行推出资产购买计划时，应英格兰银行行长的要求，财政部部长证实，政府的债务管理政策将会与英格兰银行的货币政策目标保持一致，考虑到英格兰银行的资产购买计划，政府将不会改变其债务管理策略。

（三）操作设计和退出策略

1. 资产负债表政策必须具有法律上和操作上的充分灵活性

当政策操作范围需要拓展时，中央银行法赋予中央银行更多的操作灵活性非常必要，特别是在危机情形下。随着金融体系的结构变化，资产负债表政策的操作范围也会发生相应变化。因此，中央银行的法律和操作框架需要跟上这些变化。比如，旧的《加拿大中央银行法》限制了中央银行操作的范围，导致在拓展流动性操作的合格抵押物范围时，加拿大中央银行面临法律上的约束。为了赋予中央银行公开市场操作更大的法律灵活性，2008 年 8 月 5 日加拿大对其中央银行法进行了修订。

2. 资产负债表政策的设计应该着眼扭曲最小化

在大多数情形下，相比常规货币政策，资产负债表政策对资产相对价格、交易对手和相关市场的融资状况具有更大的影响。从这个意义上讲，资产负债表政策具有内在的扭曲效应。资产负债表政策的实施，不仅应该尽力避免扭曲效应持续时间过长，也应避免扭曲效应超过预期的收益。为了实现这一目标，着眼金融稳定的资产负债表政策应该构建内在的激励机制，以阻止交易对手对这些政策的滥用。着眼宏观经济稳定目标的资产购买计划，应该在那些具有足够深度和流动性的市场上进行操作，以避免中央银行干预对市场运行的大幅破坏。在实施着眼宏观经济稳定目标的信贷支持措施时，中央银行不应选择个别的借款者或特定的经济部门，因为这将会导致特别大的扭曲效应。对于大多数涉及私人部门资产的市场流动性支持措施，中央银行一般都会设定更高的利率，或将购买价格设定在只在市场紧张时期才有吸引力的价格水平（如美联储的商业票据融资便利和定期资产支持证券贷款便利）。

主要经济体中央银行实施的流动性支持措施或信贷支持措施，不管是出于金融稳定目的还是宏观经济稳定目的，中央银行都没有直接参与合格非金融企业、项目或证券的选择，而是事先设定标准，包括行业类型、资产规模、信用等级等（如美联储的商业票据融资便利、定期资产支持证券贷款便利等）。2009 年 3 月，面对非常疲弱的经济前景，美联储决定拓展抵押贷款支持证券购买，目的在于更好地促进房地产业的发展，以及更广泛地改善私人借款利率。同时，美联储也承认，购买国债会最小化美联储对信贷分配的影响。2010 年 8 月末，美联储决定将到期的住房抵押贷款支持证券的本金投资于国债，其背后的动因在于最小化美联储资产组合对私人借款者和经济部门的影响。

3. 启用之际就应该制定资产负债表政策的退出策略

资产负债表政策的实施，应该是基于一定的条件，持续有限的时间，并且具有清晰沟通的退出策略，以避免资源分配扭曲、道德风险及资产负债表风险等负效应。同时，为了保护市场信心，资产负债表政策的退出应该是渐进和谨慎的。特别是，如果退出日期事先就宣布了，政策制定者需要密切关注各项危机干预政策的进展，必要时还需及时调整日期。因此，在资产负债表政策启用之际，就应该制定退出策略。随着形势的发展还需进行及时的调整，并且加强与银行监管部门等相关政府机构的合作。

国际金融危机期间，大多数中央银行在推出资产负债表政策措施时，就已经开始解释其退出策略。比如，美联储主席 2010 年 2 月在众议院的演讲《美联储的退出策略》。在资产负债表政策措施推出之际，对于大多数措施，美联储都宣布了明确的到期日，这些措施的结束将会是基于金融市场状况的改善。一些着眼金融稳定的资产负债表政策，如美联储的商业票据融资便利和定期资产支持证券贷款便利，英格兰银行的资产购买计划（包括企业债券和商业票据），都包含惩罚利率以激励银行退出中央银行的流动性措施。关于债券购买计划，美联储和欧洲中央银行不仅宣布了购买的规模，而且还宣布了预计的购买结束时间，而英格兰银行只宣布了购买的规模。

（四）加强中央银行资产负债表保护

1. 恰当地使用抵押物、定价及估值折扣等风险管理工具

对于贷款操作，应该基于各类政策的不同风险，恰当地使用抵押物、定价及估值折扣等风险管理工具。当中央银行通过向其交易对手发放贷款来实施资产负债表政策时，抵押物要求是最常见的降低贷款金融风险的方式。在危机期间，很多中央银行都拓展了合格抵押物的范围。对于新被接受的抵押物，如果信用等级不高或流动性不强，就应该采用能反映这些风险的更高估值折扣以最小化信贷风险。

比如，美联储为每一项资产负债表政策措施都建立了抵押物合格

性、估值和折扣的框架。日本中央银行启用的多项新流动性便利，都与其抵押物政策的原则保持一致。（1）保持日本中央银行资产的稳健性。着眼于这一目的，日本中央银行只接受高等级、受市场欢迎的抵押物；（2）确保日本中央银行业务操作的顺畅和抵押物的有效使用；（3）运用市场信息。日本中央银行有效利用市场信息，比如，在评估抵押物的合格性时参考评级信息，在计算抵押物价格时采用市场价格，在评估抵押物的信誉时运用公开信息。

2. 购买的私人债务工具和所要求的抵押物都必须是高等级的

中央银行直接购买的私人债务工具，或贷款操作所要求的抵押物，都必须是高等级的。当中央银行通过直接购买证券来实施资产负债表政策时，所购买的资产是信贷的唯一担保。因此，这些证券应该具有较高的投资等级以保护中央银行的资产负债表。比如，美联储的商业票据融资便利，其合格资产仅限于以美元为面值的商业票据，包括资产支持商业票据，这些票据的信用等级需要获得全国公认的主要统计评级机构 A－1 级/P－1 级/F1 级以上的评级；对于货币市场投资者融资工具，合格金融机构的短期债券信用评级必须获得全国公认的两个或更多统计评级机构 A－1 级/P－1 级/F1 级以上的评级。欧洲中央银行的担保债券购买计划，其合格资产必须拥有几个主要评级机构 AA 级或类似等级以上的信用评级，在任何情况下都不能低于 BBB－级/Baa3 级。日本中央银行的商业票据购买计划，合格资产仅仅是评级为 a－1 级的企业发行的票据。

3. 中央银行应该就风险承担的程度与政府达成一致

中央银行应该具有足够的财力，而且应该就风险承担的程度与政府达成一致，如果需要还包括事前向中央银行转移资源的机制。中央银行应该具有足够的资本和储备来吸收资产负债表政策可能的损失。在决定资本和储备的规模时，中央银行需要评估潜在损失的大小、损失的可能性及获取收入的能力。中央银行股息政策的设计也需要确保其财力，而且会计准则也需要允许对预期损失提取适当的拨备。为了保持财务独立性，中央银行不能够实施潜在风险大于其财力的资产负债表政策，中央银行的操作应仅限于其资本和储备的水平。中央银行应和政府就潜在损失的分担达成一致。

中央银行的资本可能会因为资产负债表政策的损失而降低。为了应对这一风险，应该明确设立政府对中央银行注资的原则，如注资的条件、工具及时间。2010 年 12 月 16 日，鉴于汇率、利率及黄金价格波动的上升，以及面临的信贷风险，欧洲中央银行决定增加其资本认购 50 亿欧元，从 57.6 亿欧元增加到 107.6 亿欧元。在英格兰银行得到财政部的授权而实施资产购买便利这一计划之前，在财政部部长与英格兰银行行长之间的公开信中，政府同意补偿英格兰银行，并且为这一计划专门设立了一个基金，以弥补缘于这一计划或与这一计划有关的任何损失。

美联储建立了一个特殊目的机构（定期资产支持证券贷款工具有限责任公司 TALF LLC），以购买和管理纽约联储获得的与定期资产支持证券贷款工具贷款有关的任何资产。TALF LLC 购买的所有这些资产的价格，等于贷款金额加上累积未付的利息。购买的资金最初来源于 TALF LLC 及其投资获得的利息收益。如果这些资金还不够，美国财政部会通过问题资产救助计划（TARP）向 TALF LLC 提供额外的次级债务融资，为最高 200 亿美元资产的购买提供资金。为了激活信贷市场，降低消费和企业融资成本，美联储和财政部合作在 2008 年 11 月共同推出了向以 AAA 级 ABS（Asset Backed Securitization）作为抵押的机构提供最多 5 年期的定期贷款（TALF）。AAA 级 ABS 的抵押资产包括汽车贷款、小微企业担保贷款、信用卡贷款、学生贷款等。TALF 工具的推出，意在保障作为 ABS 资产池的个人消费和小微企业贷款的流动性，从而防止消费和投资的下滑。

4. 必须与公众清晰地沟通中央银行资产负债表的保护措施

相比常规货币政策，中央银行在实施资产负债表政策时面临更大的金融风险。在实施资产负债表政策时，中央银行不仅应该具有合适的风险管理框架，而且还应该与外界清晰地沟通这一框架。这有利于公众相信中央银行对于资产负债表政策具有恰当的措施来保护中央银行的财务状况，对于确保中央银行的政策独立性非常重要。

 **第三章**

国际金融危机背景下中央银行资产负债表政策的国际实践

本章从制度环境、金融体系结构及传统货币政策操作框架等方面探讨影响中央银行资产负债表政策设计的主要因素，分析了国际金融危机爆发后美联储、欧洲中央银行和日本中央银行资产负债表政策的实践。基于产出、物价、失业率、利率、股票价格等重要指标，比较了美联储、欧洲中央银行、日本中央银行资产负债表政策的效果。围绕如何应对零利率下限风险、资产负债表政策是否应该纳入中央银行常规政策工具箱等方面，探讨了对未来货币政策工具创新的启示。

一、影响资产负债表政策选择的主要因素

在同一经济体的不同时期，以及特定时间点上的不同经济体，单位流动性可能具有非常不同的效应。取决于具体的环境，在某一经济体的不同时期，货币当局可能会运用资产负债表政策实现特定的目的。而且，不同经济体经济和金融结构、货币政策传统操作框架的差异，也需要采取不同的干预措施调整中央银行资产负债表的规模和结构。在比较不同中央银行资产负债表政策实践时，需要考虑上述的这些因素。

（一）制度环境

不同经济体中央银行所处的制度环境会影响其资产负债表政策的设计和选择。

欧洲中央银行是一家跨国中央银行，在资产负债表政策设计中往往受到诸多条约或条款的约束。比如，《马斯特里赫特条约》规定欧洲中

央银行的首要目标是保持价格稳定；2007 年欧盟各国签署、2009 年正式生效的《里斯本条约》也明确规定欧洲中央银行体系的首要目标是保持价格稳定；《欧盟条约》第 123 款规定，欧洲中央银行不得向其成员国政府提供融资支持。

受这些条款的限制，在应对国际金融危机的初期，欧洲中央银行采用的一些资产负债表政策措施，包括流动性支持措施和信贷宽松措施，主要是着眼修复受损的货币政策传导渠道，促进既定货币政策态势的传导，并未像美联储那样大规模购买政府债券。直到 2015 年 1 月，为了应对低通货膨胀可能长期持续的风险，欧洲中央银行才推出公共部门购买计划，将政府债券纳入资产购买范围。通过大规模购买政府债券等资产，扩大货币政策的宽松态势。为了避免违反《欧盟条约》第 123 款的规定，欧洲中央银行宣布其购买主权债券仅限于二级市场，即从投资者手中购买欧元区成员国的政府债券，而不是从成员国手中直接购买。

（二）金融体系结构

不同经济体的金融体系结构，也会影响其中央银行资产负债表政策的设计。不同于美国以金融市场为主的融资结构，欧元区的融资大多是通过银行体系进行。就非金融企业的外源融资而言，美国 80% 以上的融资是通过市场进行，而欧元区 70% 以上的融资是通过银行进行，银行是欧元区最主要的融资渠道，在货币政策决定向实体经济传导的过程中发挥着关键性的作用。

基于这一融资结构特征，欧洲中央银行出台了一系列针对银行的资产负债表政策措施。比如，定向长期再融资操作、担保债券购买计划和资产支持证券购买计划，希望通过改善银行的流动性状况和融资成本，增加实体经济的信贷可获得性，降低实体经济的融资成本。

（三）常规货币政策操作方式

尽管欧元区货币政策决定是由欧洲中央银行管理委员会作出，但这一决定的实施却是分散的、由欧元区各国中央银行负责。欧元区不同国家的中央银行按照统一的规定，以一定的抵押物为条件向交易对手发放贷款，包括期限一周的主要再融资操作和三个月的较长期再融资操作。大量的交易对手被允许参与再融资操作，以确保单一货币政策能影响到欧元区所有国家的银行体系。

美国的情况则不同于此。联邦公开市场委员会负责制定货币政策，而纽约联邦储备银行则代表整个联邦储备体系负责货币政策的实施，其操作主要是在公开市场上买卖政府债券等资产，这与其经济以市场为主的融资结构是一致的，但其所涉及的交易对手数量，即使是在国际金融危机期间有所增加的情况下，依然比较少。

二、主要经济体中央银行资产负债表政策的实践

基于上述的这些影响因素，以及不同经济体或者同一经济体在不同时期经济金融状况的差异，主要经济体中央银行应对国际金融危机的资产负债表政策实践，体现出明显的差异。这里主要比较美联储、欧洲中央银行和日本中央银行的资产负债表政策的实践。

（一）美联储资产负债表政策的实践

1. 国际金融危机背景下美联储资产负债表政策的实践

2008 年 9 月雷曼兄弟破产倒闭后，为了恢复金融和宏观经济稳定，美联储迅速降低联邦基金利率，2008 年 12 月，联邦基金利率目标值已降至 0~0.25%。在零利率下限的背景下，为了提供经济所需要的进一步的货币宽松环境，美联储开始采用一些非常规资产负债表政策措施，目的在于向金融体系提供流动性、修复受损的货币政策传导渠道及直接影响长期利率。美联储采取的资产负债表政策措施主要可分为以下三类。

（1）流动性支持措施

首先，美联储发挥"最后贷款人"的角色，通过多种途径向银行和其他存款类机构提供短期流动性。不仅包括危机前就已经存在的传统贴

现窗口，还有 2007—2008 年新设立的定期拍卖便利、定期证券贷款便利和一级交易商信贷便利等新型工具。

①定期拍卖便利（TAF）。为了缓解融资市场的紧张，特别是定期融资市场的紧张，美联储开始通过贴现窗口向合格金融机构增加流动性供给。但是，因为担心会被投资者视为出现了经营困难，银行不愿意通过贴现窗口借款。

2007 年 12 月，美联储创设了 TAF 以便更直接地提供流动性，避免对贴现窗口借款的偏见。从 2007 年 12 月开始，TAF 开始提供 28 天的抵押贷款，每月两次，利率由竞标过程决定，每次的 TAF 有固定金额，抵押品与贴现窗口借款相同。2008 年 7 月 30 日，作为 28 天 TAF 的补充，美联储推出 84 天 TAF，以更好地缓解 3 个月短期融资市场的资金紧张状况。

②定期证券贷款便利（TSLF）。2008 年 3 月 11 日，美联储推出了 TSLF，以拍卖方式用国债置换一级证券交易商抵押资产，到期后换回的一种资产互换协议，有效期为 6 个月。TSLF 的交易对手仅限于以投资银行为主的一级证券交易商，交易商可提供的合格抵押资产包括联邦机构债券、联邦机构发行的住房抵押贷款支持证券等。

③一级交易商信贷便利（PDCF）。在贝尔斯登事件发生后，为进一步缓解金融市场短期向下的压力，2008 年 3 月 17 日，美联储决定利用其紧急贷款权力，启用一级交易商信贷工具（PDCF），其实质是向符合条件的一级交易商（主要指投资银行）开放传统上只向商业银行开放的贴现窗口，提供隔夜贷款。

另外，美联储还与主要经济体的中央银行建立临时货币互换安排，并根据形势发展调整互换的期限和规模。从 2008 年 10 月 13 日起，为配合其他经济体中央银行的救市行动，美联储宣布，暂时上调与欧洲中央银行、英格兰银行、瑞士国家银行和日本银行的美元互换额度至无上限。

美联储应对危机的流动性支持措施详见表 3.1。

表 3.1　　　　　　　　美联储应对危机的流动性支持措施

目的	政策工具	时间	政策功能	政策效果
对金融机构提供短期流动性	TAF（定期拍卖便利）	2007 年 12 月	通过拍卖机制定期主动向存款类金融机构提供流动性	抵押贷款支持债券与国债收益率利差降低；机构债和 MBS 长短期利差缩小
	TSLF（定期证券贷款便利）	2008 年 3 月	针对一级交易商，用优质的高流动性债券交换金融机构难以流通的抵押证券	
	PDCF（一级交易商信贷便利）	2008 年 3 月	向符合条件的一级交易商（主要指投资银行）开放传统上只向商业银行开放的贴现窗口，提供隔夜贷款	

资料来源：根据美联储网站资料整理。

（2）信贷宽松

美联储还采用信贷宽松措施，直接向关键信贷市场上的借款者和投资者提供流动性，通过重新配置资产负债表的资产方，以改善特定金融市场的状况。美联储用来支持关键信贷市场的工具，包括资产支持商业票据货币市场共同基金流动性工具（AMLF）、商业票据融资工具（CPFF）、货币市场投资者融资工具（MMIFF）和定期资产支持证券贷款工具（TALF）。

①资产支持商业票据货币市场共同基金流动性工具（AMLF）。2008年 9 月 19 日，雷曼兄弟破产倒闭引发华尔街震荡，大量投资者纷纷从货币市场共同基金（MMMF）撤资，导致这些基金很难满足投资者的赎回需求。美联储宣布推出 AMLF，以贴现率向存款类机构和银行控股公司提供无追索权贷款，供其从 MMMF 购入资产支持商业票据，通过支持货币市场共同基金支持商业票据市场，提高货币市场特别是资产支持商业票据市场的流动性。

②商业票据融资工具（CPFF）。CPFF 的设立是为商业票据的发行者提供流动性。雷曼兄弟破产倒闭后，由于投资者自身也面临流动性压力而不愿买进商业票据，导致长期商业票据的发行利率显著上升，商业

票据市场的融资功能受到极大破坏。为了避免进一步的金融紧张，引导投资者继续保持对商业票据市场的投资，对商业票据的再融资显得非常紧迫。针对这一局面，2008年10月7日，美联储宣布创建CPFF，运作机制是通过特殊目的机构（SPV），直接从符合条件的商业票据发行方购买评级较高且以美元标价的3个月期资产支持商业票据（ABCP）和无抵押的商业票据，为美国的银行、大企业、地方政府等商业票据发行方提供日常流动性支持。

另外，货币市场投资者融资工具（MMIFF）的设立，目的是为货币市场基金提供流动性，帮助它们满足投资者的赎回需求，以促进货币市场上的投资。为了克服资产支持证券市场的运转失灵，美联储还创设了短期资产支持证券贷款工具（TALF），目的在于鼓励以消费贷款和企业贷款为基础的证券发行，以缓解相关市场的金融紧张。美联储应对国际金融危机的信贷宽松措施详见表3.2。

表3.2　　　　　　　　美联储应对国际金融危机的信贷宽松措施

目的	政策工具	时间	政策功能	政策效果
对货币市场借款者和投资者提供流动性	AMLF	2008年9月	向存款类金融机构和银行控股公司提供贷款，帮助其购买货币市场共同基金持有的资产支持商业票据	货币型基金发行规模急速扩张；资产支持商业票据利率与同期隔夜指数掉期利率利差缩小；大大降低消费者和小企业获得贷款的难度
	CPFF	2008年10月	设立特殊目的的机构，直接从发行者手里购买符合条件的高等级商业票据和资产支持商业票据	
	MMIFF	2008年10月	向私人特殊目的机构提供融资，购买投资者意愿出售的定期存单、银行汇票及90天商业票据	
	TALF	2008年11月	向新车、信用卡、学生贷款及小企业局担保贷款支持的AAA证券的购买者提供贷款	

资料来源：根据美联储网站资料整理。

（3）量化宽松

对于美国而言，抵押贷款支持证券（MBS）市场对于抵押贷款利率的重要性，以及这一市场的规模，使 MBS 和国债一起成为美联储资产购买的重要对象（Gagnon 等，2010）①。量化宽松计划实施期间，抵押贷款支持证券的购买占到美联储资产购买的 45%。

美联储大规模资产购买计划的实施过程：第一轮量化宽松（2008 年 11 月至 2010 年 3 月），美联储共购买了 1.75 万亿美元的长期国债、机构债券和抵押贷款支持证券；第二轮量化宽松（2010 年 11 月至 2011 年 6 月）购买了 6000 亿美元的长期国债；2011 年 9 月至 2012 年 12 月，实施了 6670 亿美元的期限延展计划，也就是通常所说的扭曲操作，即"卖短买长"，中央银行卖出短期国债并购买等额的长期国债，延长所持国债资产的整体期限，从而压低长期国债收益率；2012 年 9 月美联储推出第三轮量化宽松，每个月购买 400 亿美元的抵押贷款支持证券；2012 年 12 月 12 日，美联储宣布实施第四轮量化宽松货币政策，每个月购买 450 亿美元长期国债，自此美联储每月资产购买高达 850 亿美元。

在 2013 年 12 月的货币政策会议上，美联储首次宣布从 2014 年 1 月开始逐步削减原来每月 850 亿美元的购债规模。2014 年 10 月，美联储宣布将于 10 月末结束资产购买计划，意味着第四轮量化宽松政策的结束。通过四轮量化宽松货币政策，美联储资产购买的规模共计超过 3 万亿美元，极大地扩张了美联储资产负债表。

美联储四轮量化宽松货币政策详见表 3.3。

---

① GAGNON, J., RASKIN, M., REMACHE, J. and SACK, B. The Financial Market Effects of the Federal Reserve's Large – Scale Asset Purchases [J]. International Journal of Central Banking, 2011, 7 (1): 3 –43.

表3.3 美联储四轮量化宽松货币政策

实施阶段	时间	内容	背景	目的
QE1	2008 年 11 月 28 日	购买1000亿美元的政府支持企业的债券和5000亿美元抵押贷款支持证券	2008年雷曼兄弟倒闭，国际金融危机爆发，大量金融机构倒闭	稳定信贷市场
	2009 年 3 月 18 日 至 2010 年 3 月	此后6个月内购进3000亿美元长期国债，7500亿美元的抵押贷款证券和1000亿美元"两房"债券	次贷危机深化，银行体系面临新一轮银行危机，全球信用萎缩	降低中长期利率刺激投资需求，促进房地产业复苏
QE2	2010 年 11 月 3 日 至 2011 年 6 月	维持利率在0~0.25%，购买6000亿美元中长期美国国债，并对持有到期的长期国债进行展期	2010年美国经济复苏缓慢	解决财务困境
OT	2011 年 9 月 至 2012 年 6 月	出售2670亿美元的短期国债，同时买入2670亿美元的长期国债	美国经济复苏依然缓慢，失业率居高不下	防止通货紧缩
QE3	2012 年 9 月 14 日至2015 年	每月采购400亿美元机构抵押贷款支持证券，扭转操作OT维持不变；超低联邦基金利率持续到2015年	就业增长缓慢，失业率虽有小幅下降，但仍然很高	促进房地产业步入正轨，进一步支持经济复苏
QE4	2012 年 12 月 13 日	每月采购450亿美元美国国债来替代扭曲操作，继续保持第三轮量化宽松每月400亿美元的购买额，即美联储每月资产采购额达到850亿美元，并表示只要失业率仍高于6.5%，将继续维持联邦基金利率为0~0.25%	失业率高企，经济增长缓慢，财务困境仍未得到有效缓解	改善劳动力市场，进一步提振经济

资料来源：根据美联储网站资料整理。

2. 美联储缩减资产负债表

为应对国际金融危机导致的经济衰退，美联储实施了一系列非常规货币政策，通过大规模资产购买计划购入国债、机构债和抵押贷款支持债券，先后实施四轮量化宽松，导致美联储资产负债表规模高速扩张，总资产由 2007 年 8 月的 8767 亿美元最高升至 2017 年 10 月的 4.4 万亿美元，其中，国债持有量由 7846 亿美元增长至 2.47 万亿美元，MBS 持有量由 0 增长至 1.78 万亿美元。

根据美联储缩表计划，从 2017 年 10 月开始，国债每月缩减再投资上限为 60 亿美元，12 个月内以每三个月增加 60 亿美元的速度递增，直到 300 亿美元上限；MBS 最初每月缩减上限为 40 亿美元，每三个月增加 40 亿美元，直到 200 亿美元上限。截至 2018 年 10 月末，美联储每月减少国债和 MBS 再投资上限之和增至 500 亿美元，该上限保持至缩表结束。

随着美联储加息缩表的推进，美国超额准备金规模开始收缩，从 2014 年 9 月最高峰时 2.7 万亿美元左右，缩减至 2019 年 10 月末的 1.35 万亿美元左右，创 2011 年 4 月以来新低。超额准备金规模的缩减，导致市场对流动性冲击的抵御能力减弱，遇到季度末考核、缴税、发债等短期冲击时，资金面就开始收紧，货币市场利率飙升。

3. 美联储重启扩表

2019 年 9 月 17 日，美国担保隔夜融资利率（SOFR）飙升 282 个基点至 5.25%，创有数据以来的新高，表明美国回购市场出现"钱荒"。为了应对资金市场的流动性紧张，美联储采取了一系列措施，包括重启隔夜回购操作以投放流动性，延长回购计划，并重启扩表。

具体来看，2019 年 9 月 18 日，纽约联储计划再度进行隔夜回购操作，回购金额最高为 750 亿美元。10 月 4 日，美联储将隔夜回购操作的期限从 10 月 10 日延长至 11 月 4 日。10 月 11 日，美联储宣布从 10 月 15 日起，每月购买短期美债 600 亿美元，并至少持续到 2020 年第二季度；同时，隔夜和定期回购操作延长至 2020 年 1 月末，每次操作规模不少于 750 亿美元；将每周两次实施（为期 6~15 天）定期回购操作，每次操作规模不少于 350 亿美元。

根据美联储 10 月 11 日宣布的回购操作计划，1100 亿美元回购操作将导致准备金规模增加 7%，10 月中旬的 600 亿美元购债计划将导致准备金规模增加 4%，两者合计增加准备金规模 11%、增加美联储资产规模 4.3%。预计 2020 年 6 月末，共计 5400 亿美元的购债计划将导致美联储资产负债表规模扩大 14%。美联储回购和扩表操作情况详见表 3.4。

表 3.4 美联储回购和扩表操作

日期	操作类型	具体内容
2019 年 9 月 17 日	十年来首次重启隔夜回购操作	纽约联储发布声明，已与一级交易商进行了 531.5 亿美元的隔夜回购操作
2019 年 9 月 18 日	再度进行隔夜回购操作	纽约联储计划再度进行隔夜回购操作，回购金额最高为 750 亿美元
2019 年 10 月 4 日	延长隔夜回购操作的期限	美联储宣布将隔夜回购操作的期限从 10 月 10 日延长至 11 月 4 日；每次操作规模不少于 750 亿美元
2019 年 10 月 11 日	美联储宣布延长回购操作计划，同时重启扩表	• 美联储正式宣布将从 10 月 15 日起，每月购买短期美债 600 亿美元，并至少持续到 2020 年第二季度 • 日常性隔夜回购操作。截止日期从 11 月 4 日延长至 2020 年 1 月末，每次操作规模不少于 750 亿美元 • 定期回购操作。定期回购每次操作规模不少于 350 亿美元，截止日期为 2020 年 1 月

资料来源：根据美联储网站资料整理。

（二）欧洲中央银行资产负债表政策的实践

2008 年国际金融危机爆发后，欧元区又经历了欧洲主权债务危机，直接影响了欧元区的经济增长，对欧元区物价稳定目标的实现带来了较大的负面冲击。在应对危机的不同阶段，欧洲中央银行采取了不尽相同的资产负债表政策措施。这些措施的目的在于强化宽松政策对实体经济的传导，在短期利率接近零利率下限时提供进一步的货币宽松。在危机的初期阶段，主要是流动性供给的增加（通过再融资操作招标的增加），以及较长期贷款和融资保证（以固定利率全额招标进行的长期再融资操作），后续还有强化货币政策传导的一些措施（SMP、CBPP1、CBPP2）。从2015年1月开始，欧洲中央银行还实施了拓展的资产购买计划，增加购买担保债券、抵押贷款支持证券、公共部门证券和企业债券。

1. 流动性支持措施

此次国际金融危机爆发后的初期，欧洲中央银行货币政策关注的重点在于，通过流动性支持措施将非常短期的利率保持在与中央银行期望的货币政策态势一致的水平上。由于货币市场出现流动性紧张，欧洲中央银行向欧元区银行体系提供了大量的流动性支持。基于中央银行传统的最后贷款人功能，短期流动性支持的目的在于阻止货币市场活动被破坏的负面影响进一步蔓延，避免大面积的银行恐慌和无序的去杠杆。最终，这将促进货币市场状况变化对其他金融变量的有效传导，进而影响经济活动和通货膨胀。

这类措施包括多种期限的流动性供给操作和再融资操作中运用固定利率全额招标。欧洲中央银行提高了流动性供给操作的规模和参数，特别是在2008年9月雷曼兄弟破产倒闭导致危机加剧之后。值得指出的是，欧洲中央银行通过在再融资操作中运用固定利率全额招标，开始向银行提供无限额的融资，这就意味着，只要银行拥有充足的抵押物，其对中央银行流动性的需求可以得到完全满足。这些措施的采用，导致欧元体系资产负债表规模被动地增加，反映了银行体系对流动性需求的增加及全额招标方式对欧元体系中介角色的提升。

3年期的长期再融资操作（LTROs）被用来提供较长期的再融资。当银行的常规再融资渠道被破坏时，2011年12月、2012年2月的两次LTROs为银行提供了较长时间的再融资。尽管性质上属于流动性支持措施，长期再融资操作成功地阻止了过快的去杠杆，进而支持了对实体经济的信贷投放。由于银行参与 LTROs 的净额达到 5210 亿欧元，欧元体系资产负债表规模大幅增加，资产期限也被延长。

2. 信贷宽松措施

由于某些公共和私人部门债券市场的紧张阻碍了货币政策的传导，欧洲中央银行更为主动地运用欧元体系资产负债表加强对特定公共和私人部门债券市场的干预，在那些功能受损进而破坏货币政策传导的市场上进行直接资产购买，包括担保债券购买计划（CBPP1 和 CBPP2）和证券市场计划（SMP），目的在于通过一系列支持向实体经济增加信贷投放的措施以促进既定货币政策态势的传导，促进信贷流动。

对于欧元区很多国家而言，担保债券是银行融资的主要来源，是银行给公共和私人部门所发放贷款进行再融资的重要渠道。2009 年 6 月，欧洲中央银行通过两项担保债券购买计划（CBPP1 和 CBPP2），开始购买欧元面值的担保债券。另外，鉴于政府债券市场对于其他金融资产和实体经济贷款定价发挥的重要作用，以及欧元区政府债券市场的紧张阻碍了货币政策态势的有效传导，欧洲中央银行推出证券市场计划开始购买政府债券。高峰时期，SMP 下债券的购买累计达到 2200 亿欧元，而 CBPP1 和 CBPP2 分别只有 600 亿欧元和 160 亿欧元。

2014 年 6 月，鉴于欧元区通货膨胀的持续下降、经济增长动能不足及货币信贷增长疲弱，欧洲中央银行推出了新的信贷宽松政策以改善货币政策传导。欧洲中央银行一方面将关键政策利率降至下限；另一方面，2014 年 6 月宣布将实施定向长期再融资操作（TLTROs）（见表 3.5），2014 年 9 月宣布将启用资产支持证券购买计划（ABSPP）和担保债券购买计划（CBPP）。通过将居民和企业的平均借款成本降至与期望政策态势更为一致的水平，这些措施的目的在于支持对实体经济的放贷。

TLTROS 的实施在于支持银行对非金融私人企业的贷款（不包括居民购房贷款）。对于对实体经济放贷满足某些基本条件的所有银行，TL-TROS 以更具吸引力的条款提供长达四年的长期融资。这一措施的选择，不仅反映了欧元区以银行为基础的融资结构，而且也表明疲软的银行贷款是阻碍经济复苏的重要因素之一。通过设计一定的激励措施鼓励银行对实体经济放款，TLTROS 的目的在于促进货币政策的传导，而银行融资状况的改善有利于创造更为宽松的信贷状况，促进银行的信用创造。

表 3.5　　　　　　　　**定向长期再融资操作的主要内容**

声明发布时间	项目类型	主要内容
2014 年 6 月	TLTRO - I	贷款期限为 4 年；贷款规模约为 4000 亿欧元；共进行 8 次操作，每次操作期限内利率固定；前两次操作利率为主要再融资利率加 10 个基点的利差，2015 年 1 月宣布对剩下的 6 次操作取消利差
2016 年 3 月	TLTRO - II	贷款期限为 4 年；贷款规模约为 7400 亿欧元；共进行 4 次操作；贷款利率可低至负的存款便利利率（目前水平为 - 0.4%）

资料来源：根据欧洲中央银行网站资料整理。

2013 年 10 月和 11 月，欧洲中央银行分别开始实施第三轮担保债券购买计划（CBPP3）和资产支持证券购买计划（ABSPP）。这些措施进一步促进了货币政策的有效传导。传导机制的运行，支持了对实体经济的放贷。在担保债券市场和资产支持证券市场上的资产购买，反映出这些工具在促进对实体经济增加新的贷款方面所发挥的重要作用。特别是，ABS 和担保债券交易的利差与银行对基础贷款所收取的利率之间存在密切的联系。欧洲中央银行的资产购买有利于降低这些目标证券的利率，通过货币政策传导有利于促进银行对私人部门放贷利率的下降，进而改善贷款环境，为银行增加贷款发放创造更大的空间。

这些信贷宽松措施还辅之以量化的资产负债表扩张，标志着欧洲中央银行货币政策沟通的重大调整。鉴于通货膨胀前景的进一步恶化，在欧洲中央银行沟通中增加购买数量这一信息，是非常必要的。资产购买作为扩大货币政策宽松态势的工具，相比利率变化工具，其不确定性更高。鉴于两个市场的功能都受到了破坏，对于资产支持证券购买计划和担保债券购买计划而言，每单位的购买具有较高的潜在传导效果，但是确切的效应很难预测。资产购买将会降低银行的融资成本，这将会传导至寻求银行融资的居民和非金融企业，如果流动性注入的规模足够大的话，也将会产生更广泛的宏观经济溢出效应。因此，通过在沟通中加入数量这一层面，欧洲中央银行传递了政策信号，意味着为了取得明显的宏观经济效应，大规模的资产购买是非常必要的。

3. 量化宽松

由于通货膨胀前景的进一步恶化，以及信贷宽松措施未能带来所需要的货币宽松程度，2015 年 1 月欧洲中央银行决定开始购买公共部门证券，这一计划是在二级市场上购买欧元区政府和机构及国际和跨区域机构发行的债券。公共部门购买计划（PSPP），与之前的 CBPP3 和 ABSPP 一起，构成了欧洲中央银行的拓展资产购买计划（见表 3.6）。在该计划下，欧洲中央银行 2015 年 3 月开始购买，每个月购买规模达到 600 亿欧元，预计这一购买将会一直持续到 2016 年 9 月，如有必要，这一购买还将一直持续到通货膨胀路径出现可持续的调整，与中期内实现低于但接近 2% 的通货膨胀目标保持一致。2016 年 3 月，欧洲中央银行又推出企业部门购买计划，将欧元区投资级别的非银行企业债券纳入资产购买范围，每月资产购买规模从 600 亿欧元增加到 800 亿欧元。

表 3.6　　　　　　　　　　拓展资产购买计划的主要内容

声明发布时间	资产购买计划	主要内容
2014 年 9 月	资产支持证券购买计划	两项资产每月购买规模共约 100 亿欧元
	第三轮担保债券购买计划	
2015 年 1 月	公共部门购买计划	宣布将欧元区成员国发行的主权债券、机构债券及欧洲机构发行的债券纳入资产购买范围；从 2015 年 3 月开始，启动每月 600 亿欧元的资产购买计划，一直持续到 2016 年 9 月末，直到通货膨胀路径出现可持续的调整，与中期内实现低于但接近 2% 的通货膨胀目标趋于一致

续表

声明发布时间	资产购买计划	主要内容
2015 年 12 月		宣布资产购买计划延长 6 个月至 2017 年 3 月末
2016 年 3 月	企业部门购买计划	将欧元区投资级别的非银行企业债券纳入资产购买范围；每月资产购买规模从 600 亿欧元增加到 800 亿欧元
2016 年 12 月		宣布每月 800 亿欧元资产购买持续至 2017 年 3 月末；从 2017 年 4 月起，每月的资产购买规模从 800 亿欧元降至 600 亿欧元；资产购买计划延长至 2017 年 12 月末

资料来源：根据欧洲中央银行网站资料整理。

通过表 3.7 可以发现，欧洲中央银行资产购买计划历史购买规模经历多次改变，最终持续近 4 年，其间购债额度先增后减。2018 年末结束 QE 政策时，总购债规模达近 2.6 万亿欧元。

表 3.7　　　　　　　　欧洲中央银行不同阶段的资产购买计划

阶段	时间	QE 政策	总规模
QE 实施	2015 年 1 月 22 日	宣布正式实施 QE	
QE 增长期	2015 年 3 月至 2016 年 3 月	每月购买 600 亿欧元资产	0.78 万亿欧元
	2016 年 4 月至 2017 年 3 月	每月购买 800 亿欧元资产	1.74 万亿欧元
QE 减量退出期	2017 年 4 月至 2017 年 12 月	每月购买 600 亿欧元资产	2.28 万亿欧元
	2018 年 1 月至 2018 年 9 月	每月购买 300 亿欧元资产	2.55 万亿欧元
	2018 年 10 月至 2018 年 12 月	每月购买 150 亿欧元资产	2.595 万亿欧元
	2019 年初	停止净买入	
QE 重启	2019 年 9 月 12 日	从 11 月 1 日起，以每月 200 亿欧元的速度重启资产购买计划	

资料来源：根据欧洲中央银行网站资料整理。

4. 或有资产负债表政策

欧洲中央银行高度重视资产负债表政策的沟通，积极通过会后声明、新闻发布会等途径提供其资产负债表政策未来路径的前瞻性指引，阐明其资产购买计划未来持续的条件，又称为或有资产负债表政策。比如，2015 年 1 月，欧洲中央银行在启动量化宽松政策时宣布，资产购买将会一直持续到 2016 年 9 月，直到通货膨胀路径出现可持续的调整，与中期内实现低于但接近 2% 的通货膨胀目标趋于一致。

在某些特殊情形下，欧洲中央银行的资产负债表政策沟通甚至成为一项独立的货币政策工具。比如，欧洲中央银行采用的直接货币交易（Outright Monetary Transactions，OMT）计划。2012 年 9 月 6 日，为有效降低主权债务危机国家的债务偿还压力，ECB 推出了 OMT 计划，承诺在满足一定条件的前提下，在二级市场无限量地购买欧元区成员国发行的政府债券。为了避免违反《欧盟条约》第 123 款的规定，ECB 强调 OMT 计划限于在主权债券二级市场交易，即从投资者手中购买欧元区成员国的政府债券，而不是从成员国手中直接购买，因而不会成为主权债务危机国家变相融资的工具。而且只有在成员国与欧洲金融稳定基金/欧洲稳定基金（EFSF/ESM）达成救助协议之后，欧洲中央银行才会针对该国启动直接货币交易计划。OMT 计划被认为是一种或有资产负债表政策，实质是一种信号机制。虽然 OMT 计划出台至今未被启动，但对缓解主权债务危机国家的偿债压力和稳定欧洲金融市场发挥了积极的作用。OMT 计划公布后，西班牙和意大利发行的国债收益率均明显下降。

5. 欧洲中央银行重启资产购买计划

为提振经济，欧洲中央银行从 2015 年起实施资产购买计划，时间长达 4 年，总规模约为 2.6 万亿欧元。受全球经济下行压力和欧盟政治动荡等影响，欧洲经济基本面表现疲弱，引发经济增速下行、陷入衰退的预期，在此背景下欧洲中央银行重启宽松货币政策。此次欧洲中央银行货币政策工具箱新增分层利率工具，旨在降低负利率政策对欧洲银行业盈利能力的损害。2019 年 9 月 12 日，欧洲中央银行召开货币政策会议，宣布包括降息、重启购债计划等一揽子扩大货币宽松的政策组合，旨在刺激经济增长。政策具体内容如下：

（1）将欧元区隔夜存款利率下调 10 个基点至 -0.50%，主要再融资利率和边际贷款利率分别保持在 0 和 0.25% 不变。

（2）从 11 月 1 日起，以每月 200 亿欧元的速度重启资产购买计划，且未设截止日期。

（3）长期再融资操作在量化宽松的框架下将继续进行，直至欧洲中央银行开始加息。

（4）定向长期再融资操作（TLTRO Ⅲ）中规定，银行超出基础要求的部分，利率最低可降至存款便利利率的水平（-0.5%），同时操作期限从 2 年延长至 3 年。

（5）引入分层利率，超额准备金有一部分免予负利率（-0.5%）的惩罚，免罚的部分享受零利率。

欧洲中央银行宣布的五项宽松货币政策中，最重要的是重启资产购买计划，但是相比 2015 年初的资产购买计划，本轮规模要小得多。2015 年初开启的资产购买计划，每月资产购买规模为 600 亿~800 亿欧元；但是，2019 年 9 月 12 日宣布的资产购买计划，资产购买规模仅为 200 亿欧元，而且上一轮的资产购买计划对于经济和通货膨胀的刺激作用比较微弱，这次的规模远小于上一轮，估计难以对经济与通货膨胀造成较大的影响。这次宽松货币政策所释放的流动性或将继续流入金融市场，引发金融资产价格的上涨。

（三）日本中央银行资产负债表政策的实践

2008 年国际金融危机爆发后，主要经济体中央银行在货币政策实施过程中面临的共同挑战是如何应对零利率下限的问题。此次危机前，学术界已经对零利率下限进行了探讨，但是并没有被广泛地认为是一个非常严峻的现实政策挑战。然而，日本的情形比较特殊，日本中央银行2001—2006 年就曾经采用过量化宽松的货币政策，这也可视为资产负债表政策的早期实践。

1. 2008 年国际金融危机之前的资产负债表政策的实践

20 世纪 90 年代，由于泡沫经济破灭和人口老龄化带来的负面影响，日本的潜在增长率已经开始下降。20 世纪 90 年代初期，日本的潜在增长率一直处于 4%，而到了 20 世纪 90 年代末期，已经降至 1% 左右。与此相伴随，自然利率，也就是中性实际利率，也在下降。而货币宽松的基本机制在于将实际利率降至自然利率之下，进而刺激经济活动。

由于自然利率的下降，日本中央银行逐渐地降低政策利率，以实现货币宽松效应，这也导致日本中央银行 1999 年开始启用零利率政策。具体而言，1999 年 2 月日本中央银行决定，通过为市场提供超出金融机构满足准备金要求的资金，以促进无担保的隔夜拆借利率水平尽可能地降低，意味着实际上处于零利率的水平。另外，日本中央银行还明确承诺，零利率政策会一直持续直到通缩风险消除。尽管该政策的影响在当时被称为政策持续效应，其与后来被称为前瞻性指引的政策是基于同样的想法，因为通过提供对未来政策路径的指导，可以提高货币宽松效应。

此后，鉴于经济开始显示出明显的复苏迹象，日本中央银行 2000 年取消了零利率政策。然而，到了 2000 年末，缘于美国互联网泡沫破灭的影响，日本经济增速又开始放缓。在此情形下，日本中央银行在 2001 年 3 月启用了量化宽松政策，将商业银行存放中央银行的经常账户余额作为操作目标。当时这一政策显得比较特别，因为它关注处于中央银行资产负债表负债方的经常账户。但是，该政策为后来一些中央银行采用的大规模资产购买和日本中央银行的量化与质化货币宽松等政策奠定了基础。另外，在该量化宽松政策下，日本中央银行还承诺，政策会一直持续直到 CPI 每年的年增长率稳定地保持在零之上。这一新的承诺，在之前零利率政策实施期间所采用承诺的基础上有了新的发展，将承诺与可观测的 CPI 联系起来，目的在于获得更大的货币宽松效应。

2. 2008 年国际金融危机之后日本中央银行资产负债表政策的实践（见图 3.1 和表 3.8）

1999年2月	操作目标	短期利率目标值	影响长期利率	影响风险溢价
2000年8月 2001年3月				
零利率政策	无担保的隔夜拆借利率	尽可能低（实际上处于零）	政策持续效应（前瞻性指引）	
量化宽松政策	存放日本中央银行的准备金余额	零利率附近	政策持续效应（前瞻性指引）	
2006年3月 2010年10月				
全面货币宽松政策（CME）	无担保的隔夜拆借利率	0~0.1%（实际上处于零）	购买日本国债；固定利率资金供给操作	购买风险资产（商业票据、企业债券）
2013年4月		零附近		
2013年4月 质化与量化货币宽松政策（QQE）	基础货币	（2016年1月以后降至负利率）	大规模购买日本政府债券	购买风险资产
2016年9月 附加收益率曲线控制的QQE	短期和长期利率 短期政策利率 10年期日本国债收益率	负利率	收益率曲线控制（10年期国债收益率作为操作目标）	购买风险资产

图 3.1　日本中央银行货币政策变迁

表 3.8　　自 2010 年以来日本中央银行非常规货币政策的发展

时间段	政策措施	具体内容
2010 年 10 月至 2013 年 4 月	全面货币宽松 （Comprehensive Monetary Easing，CME）	• 将短期利率的目标值水平降至 0~0.1% • 资产购买计划 • 前瞻性指引
2013 年 4 月至 2016 年 9 月	质化与量化货币宽松 （Qualitative and Quantitative Easing，QQE）	• 扩大资产购买规模 • 实施负利率政策 • 对物价稳定目标的承诺
2016 年 9 月至今	附加收益率曲线控制的质化量化货币宽松（QQE with Yield Curve）	• 收益率曲线控制 • 通货膨胀超调承诺

资料来源：根据日本中央银行网站资料整理。

（1）全面货币宽松（2010 年 10 月至 2013 年 4 月）

2008 年雷曼兄弟破产倒闭后，日本中央银行迅速降低短期政策利率。由于经济改善的步伐依然疲弱，2010 年 10 月日本中央银行决定采用全面货币宽松政策。首先，将短期利率的目标值水平降至 0~0.1%，并且承诺政策利率目标值将会保持在零利率水平直到中央银行认为物价稳定的目标实现；其次，日本中央银行还建立了资产购买计划，不仅以固定利率提供较长期的资金，而且购买日本政府债券、企业债券和交易所交易基金（ETFs）等各类金融资产。为了突破零利率下限的约束，日本中央银行不仅通过购买政府债券影响期限溢价，强化前瞻性指引，而且还通过购买企业债券和交易所交易基金压低风险溢价，进而影响长期利率。

（2）质化与量化货币宽松（2013 年 4 月至 2016 年 9 月）

尽管日本中央银行通过增加资产购买计划规模和强化前瞻性指引，继续提供宽松的金融环境，但是并没有带来经济活动和价格的显著改善。2013 年 4 月，日本中央银行新推出了强有力的政策包，即质化与量化货币宽松。在该框架下，日本中央银行将主要的操作目标从利率转为基础货币，而且还采取了以下措施：第一，采取更有力的措施促进长期利率的下降。相比之前的全面货币宽松政策，其购买日本政府债券的规模有了很大幅度的提升。第二，交易所交易基金等资产的购买规模大幅增加，进而强化了对风险溢价的影响。第三，2016 年 1 月，借鉴欧洲一些中央银行的做法，日本中央银行开始实施负利率政策，也就是对金融机构新增超额准备金实施 −0.1% 的名义利率。目的在于对银行新增的超额准备金收取罚金，防止银行继续增加趴在账上的存款，鼓励积极贷出资金，实施负利率的账户初始金额仅有 10 万亿日元。第四，通过对 2% 的物价稳定目标作出坚定和清晰的承诺，日本中央银行希望能极大地改变公众的预期，进而提高通货膨胀预期。主要操作目标调整为基础货币，以及宣布大规模扩张计划，都极大地支撑了这一承诺的可信性。质化与量化货币宽松政策的主要特征详见表 3.9。

表 3.9　　　　　　质化与量化货币宽松政策的主要特征

主要措施	具体特征
提前推出"无限期"的开放式资产购买计划	2013 年 4 月，日本中央银行提前启动原定于 2014 年 1 月 1 日起实施的开放式资产购买计划

主要措施	具体特征
用基础货币取代无担保隔夜拆借利率	日本中央银行基础货币在 2013 年、2014 年以每年 60 万亿～70 万亿日元的速度增加，到 2014 年末增加至 270 万亿日元，比 2012 年 12 月的 138 万亿日元几乎翻倍
增加购买日本国债的规模和范围	日本中央银行 2013 年国债购买量从 20 万亿日元增至 50 万亿日元；此外，还将购买范围拓宽至所有期限的国债（包括 40 年期国债），将国债平均持有期从 3 年延长至 7 年
加大与股市和房地产有关的金融工具购买数量	日本中央银行决定加大对 ETF 和日本房地产投资信托基金（J－REIT）的购买规模，使这两类证券的持有份额分别以每年 1 万亿日元和 300 亿日元的速度扩张

资料来源：根据日本中央银行网站资料整理。

QQE 产生了显著的效果。通过大规模购买 10 年期日本政府债券及通胀预期的提升，日本中央银行成功地将实际利率降至远低于自然利率的水平，在与短期政策利率的零利率下限作斗争的过去 20 年里，这还是第一次。

结果，日本经济在此后四年半的时间里，出现了显著的改善。随着产出缺口的稳定改善，企业的利润率一直处于历史较高水平，劳动力市场实际上已经处于充分就业的状态，工资以温和的速度稳步上升。就价格方面而言，剔除新鲜食品和能源的 CPI 年增长率，四年来一直处于正的水平。这是 20 世纪 90 年代末以来，日本首次出现如此积极的变化。鉴于此，日本中央银行认为，经济不再处于通缩的状态。

（3）附加收益率曲线控制的质化与量化货币宽松（2016 年 9 月至今）

尽管 QQE 的实施带来了日本经济稳定的改善，但是价格稳定的目标仍然没有实现。主要的原因在于通货膨胀预期依然疲弱，尽管通货膨胀预期在 QQE 实施后出现过明显但是短暂的上升。相比美国和欧洲，日本通货膨胀预期的形成很大程度上被认为是适应性的，意味着预期的形成是基于可观察到的通货膨胀率的变动。在此背景下，由于 2014 年夏天以来原油价格的大幅下降，以及全球金融市场动荡导致的2015—2016年新兴经济体增长减速，可观察到的通货膨胀率下降，也导致了通货膨胀预期的下降。日本中央银行希望能根本性改变公众的通货紧缩预期，将通货膨胀预期重新锁定在2%的水平上，但是面临很多的困难。

鉴于QQE的有效性前所未有，需要适度关注继续实施该政策的负面效应。超宽松货币政策的实施，如果导致收益率曲线过度下降和平坦化的持续时间过长，通过对金融机构利润施加向下的压力会存在降低金融中介活动和破坏金融体系稳定的风险，而这些风险是不容忽视的。如果这些风险变为现实，货币宽松的传导渠道就会受阻，以自我实现的方式实现物价稳定和可持续经济增长的目标会变得更加困难。日本中央银行需要实现最合适的利率水平，以将这些负面效应降低到最小。

鉴于上述的原因，日本中央银行于2016年9月推出了新的货币政策框架——附加收益率曲线控制的质化与量化货币宽松，以尽可能早地实现2%的物价稳定目标。这一新框架主要包括两个组成部分：收益率曲线控制和通货膨胀超调承诺。

①收益率曲线控制（Yield Curve Control）。收益率曲线控制推出的目的，包括两个方面：一方面，实现利率水平的组合，确保该组合对于保持2%物价稳定目标实现的动能是最合适的；另一方面，也考虑了对金融中介运行的影响。该框架实施后，日本收益率曲线的形状更为平滑，与市场操作的规则保持一致，即将短期政策利率设定在-0.1%的水平，10年期日本政府债券收益率目标值设定在0附近。

②通货膨胀超调承诺（inflation-overshooting commitment）。通货膨胀超调承诺的目的在于，确保通货膨胀预期能锁定在2%的水平。通过将基础货币扩张与可观察到的CPI年增长率变化联系在一起，日本中央银行作出了更有力的承诺——将继续扩张基础货币，直到可观察到的CPI增长率超过2%并且稳定地保持在该水平之上。这一承诺的关键在于，其是基于可观察到的CPI，而非通货膨胀预测。在日本，通货膨胀预期的形成很大程度上是适应性的，除非经历一段时间的通货膨胀水平

实际超出 2%，人们对价格的看法不可能改变，这也是日本中央银行为什么推出通货膨胀超调承诺的原因。

收益率曲线控制的创新性在于，可以更直接地影响长期利率，将 10 年期政府债券收益率作为操作目标，这是对 QQE 第一种措施的进一步强化；而通货膨胀超调承诺可视为是对 QQE 第四种措施的进一步提升，目的在于更有力地影响公众的通货膨胀预期。2019 年 3 月，日本中央银行表示将以每年 80 万亿日元的规模购买日本政府债券，分别以每年 6 万亿日元和 900 亿日元的规模购买指数型基金和房地产信托，日本中央银行资产负债表规模仍会继续快速扩张。2019 年 10 月 15 日，日本中央银行行长黑田东彦表示，在达到通货膨胀目标需要的情况下，将继续保持质化与量化货币宽松和收益率曲线控制。

（四）美联储、欧洲中央银行、日本中央银行资产负债表政策的实践比较

1. 美联储、欧洲中央银行、日本中央银行资产负债表规模比较

（1）资产负债表规模整体扩张明显

次贷危机以来，美国、欧洲、日本等主要经济体中央银行资产负债表规模扩张明显。从 2007 年 6 月末到 2018 年末，美联储、欧洲中央银行和日本中央银行分别扩张了 3.59 倍、2.86 倍和 4.52 倍。其中，日本中央银行资产规模扩张最多，自 2013 年开始实施质化与量化宽松政策以来，日本中央银行资产负债表规模开始快速扩张（见表 3.10）。

表 3.10   美联储、欧洲中央银行、日本中央银行资产规模变化   单位：亿美元

中央银行	2018 年末	2007 年 6 月末	扩张倍数
美联储	41233	8987	3.59
欧洲中央银行	53488	16468	2.86
日本银行	50327	8181	4.52

资料来源：根据 Wind 网站资料整理。

（2）各国中央银行扩表进度不同

由于各国的经济状况存在差别，中央银行的货币政策目标也各有侧

重，所以各国中央银行在扩表的进度上也不尽相同。面对经济下行压力增加，主要发达经济体中央银行的货币政策呈现边际宽松的迹象，欧洲中央银行和日本银行还会继续扩表（见表3.11）。

表 3.11　　　美联储、欧洲中央银行、日本中央银行扩表进度

	大幅扩表期	年均变化	平衡期	年均变化	缩表期	年均变化	重启扩表
美联储	2007 年 6 月至 2014 年 11 月	54%	2014 年 12 月至 2017 年 9 月	24%	2017 年 10 月至 2019 年 8 月	-7%	2019 年 9 月至今
	一次扩表	年均变化	收缩期	年均变化	二次扩表		年均变化
欧洲中央银行	2007 年 6 月至 2012 年 6 月	31%	2012 年 7 月至 2014 年 9 月	54%	2014 年 10 月至 2019 年 9 月		30%
	缓慢扩表	年均变化	快速扩表				年均变化
日本中央银行	2007 年 6 月至 2012 年 12 月	13%	2013 年 1 月至 2018 年 12 月				50%

资料来源：根据美联储、欧洲中央银行、日本中央银行官网资料整理。

美联储较早实施量化宽松政策，并已逐渐收缩资产负债表，目前又重启扩表。美联储从 2008 年 11 月开始实施量化宽松政策，到 2014 年 11 月完全退出。结束量化宽松政策时，美联储资产负债表规模达到 4.53 万亿美元，相较于危机前扩张了 4 倍。2014 年 12 月进入加息周期，美联储从 2017 年 11 月开始停止对到期国债和抵押贷款支持证券的再购买，实施渐进式收缩资产负债表。截至 2018 年末，美联储资产规模距量化宽松结束时已经收缩至 4063 亿美元。美国超额准备金规模开始收缩，从 2014 年 9 月最高峰时 2.7 万亿美元左右缩减至 2019 年 10 月 1.35 万亿美元左右。超额准备金规模的缩减，导致市场对流动性冲击的抵御能力减弱。2019 年 9 月，美联储为了应对资金市场的流动性紧张，采取了一系列措施，包括重启隔夜回购操作以投放流动性，延长回购计划，并重启扩表。

欧洲中央银行资产负债表经历了扩张—收缩—再扩张的过程，目前

处于再扩张结束后的平衡期。从 2007 年 6 月末到 2012 年 6 月末，欧洲中央银行资产负债表规模已经从 1.2 万亿欧元扩张到 3.1 万亿欧元，扩张 1.58 倍。由于欧洲中央银行对通货膨胀的担忧，2013 年暂停了长期再融资操作。随着金融机构陆续对到期资金的偿还，2014 年 9 月末欧洲中央银行资产负债表收缩到 2 万亿欧元，收缩幅度达到 30%。由于经济再度恶化，2014 年下半年，欧洲中央银行再次扩张资产负债表。2015 年初开启资产购买计划，每月资产购买规模为 600 亿～800 亿欧元，时间长达 4 年，总规模约为 2.6 万亿欧元。2018 年 12 月欧洲中央银行议息会议决定，将从当月开始退出资产购买计划，但会将到期债券进行再投资。2019 年 3 月，欧洲中央银行声明在 9 月开启新一轮的定向长期再融资操作。2019 年 9 月 12 日，欧洲中央银行宣布下调存款利率 10 个基点至 –0.50%，这是欧元区自 2016 年以来的首次降息。与此同时，欧洲中央银行还宣布从 11 月 1 日起重启资产购买计划，规模为每月 200 亿欧元，且无固定期限。此外，欧洲中央银行还调整了定向长期再融资操作的利率，抹去了此前与主要再融资利率（MRO）10 个基点的息差。

日本中央银行资产负债表扩张经历了由缓到快的过程，目前仍在快速扩张。在危机爆发后的前几年，日本中央银行资产负债表扩张速度相对较缓。从 2007 年末到 2012 年末，日本中央银行资产负债表年均扩张 13%。2013 年日本中央银行开始实施质化与量化货币宽松政策，资产规模开始快速扩张，年均扩张 41%。2019 年 3 月日本中央银行表示，将以每年 80 万亿日元的规模购买日本政府债券，分别以每年 6 万亿日元和 900 亿日元的规模购买指数型基金和房地产信托，日本中央银行资产负债表规模仍将继续快速扩张。

2. 美联储、欧洲中央银行、日本中央银行资产负债表结构变动比较

（1）美联储、欧洲中央银行、日本中央银行资产端变动比较

美联储、欧洲中央银行、日本中央银行以信贷类资产为主，具体品种各有侧重。信贷类资产包括对金融机构的贷款、政府债券、商业票据等金融债券。2018 年末，美联储资产配置主要是中长期国债和抵押贷款

支持证券，占比分别为51%和40%。危机后欧洲中央银行加大了对欧元证券的购买，占比从8%大幅上升到62%。日本中央银行资产配置主要是国债，占比从71%提高到85%（见表3.12）。

表3.12　美联储、欧洲中央银行、日本中央银行主要资产构成

中央银行	2018 年末		2007 年 6 月末	
	资产类别	占比（%）	资产类别	占比（%）
美联储	中长期名义国债	51	中长期名义国债	53
	抵押贷款支持证券	40	短期国债	31
欧洲中央银行	欧元证券	62	黄金和应收黄金	14
	对欧元区信用机构的欧元借款	16	对欧元区信用机构的欧元借款	40
日本中央银行	国债	85	国债	71
	贷款	8	贷款	19

资料来源：根据 Wind 网站资料整理。

（2）美联储、欧洲中央银行、日本中央银行负债端变动比较

中央银行负债主要由货币发行、对金融机构负债、政府存款等组成。经过大幅扩表，中央银行负债结构变化为：货币发行占比明显降低，对金融机构负债占比显著上升。从2007年6月末到2018年末，美联储货币发行占比从90%下降到42%，对金融机构负债占比从1%上升到40%；欧洲中央银行货币发行占比从52%下降到26%，对金融机构负债占比从15%上升到41%；日本中央银行货币发行占比从76%下降到20%，对金融机构负债占比从20%上升到77%（见表3.13）。

表3.13　美联储、欧洲中央银行、日本中央银行主要负债构成　　单位:%

中央银行	货币发行		对金融机构负债		政府存款	
	2018 年	2007 年 6 月	2018 年	2007 年 6 月	2018 年	2007 年 6 月
美联储	42	90	40	1	9	0.48
欧洲中央银行	26	52	41	15	4	6
日本中央银行	20	76	77	20	3	4

资料来源：根据 Wind 网站资料整理。

三、美联储、欧洲中央银行、日本中央银行资产负债表政策的效应比较

（一）对产出、物价及失业率的影响

1. 对产出的影响

受 2008 年国际金融危机的影响，三大经济体的产出增长率在 2009 年都出现了大幅度的下降。三大中央银行信贷宽松、量化宽松等一系列非常规资产负债表政策的实施，通过引导市场对未来货币政策的预期，疏通货币政策的传导渠道，扩大货币政策的宽松态势，促进了经济的复苏，2010年三大经济体产出都从 2009 年的负增长转变为正增长（见图 3.2）。

2012 年上半年，欧债危机反复和蔓延严重影响了欧元区经济，导致欧元区的产出在 2012 年和 2013 年呈现负增长。2014 年 9 月，鉴于经济增长动能不足及货币信贷增长疲弱，欧洲中央银行宣布启用资产支持证券购买计划和担保债券购买计划。这些资产负债表政策的实施，促进了经济的增长，欧元区的产出从 2014 年开始一直呈现正增长。2010 年至今，美国的产出增长较为平稳，日本的产出增长波动较大（见图 3.2）。

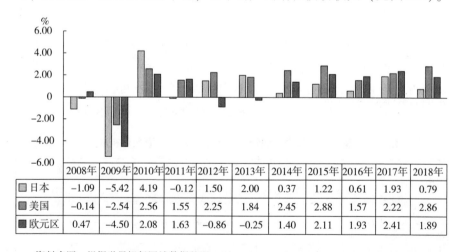

资料来源：根据世界银行网站数据整理。

图 3.2　美国、日本和欧元区 GDP 年增长率

2. 对物价的影响

相比 2008 年，三大经济体的 CPI 增长率在 2009 年都出现了大幅度的下降，美国和日本的 CPI 增长率甚至降为负，表明国际金融危机对实体经济的影响之深。

美联储 2008 年 11 月至 2010 年 4 月，采取了第一轮量化宽松货币政策，共向市场注入了 1.75 万亿美元的基础货币；2010 年 11 月至 2011 年 6 月，美联储采取了第二轮量化宽松货币政策，共购买了中长期债券 6000 亿美元，美国 CPI 增长率从 2009 年的 -0.36% 增长至 2010 年的 1.64%，2011 年继续上升至最高值 3.16%（见图 3.3）。

对于日本而言，2009—2012 年 CPI 出现了连续四年的负增长，这段时间日本中央银行资产负债表扩张速度相对较缓，年均扩张 13%。2013 年 4 月，日本中央银行推出了更大力度的宽松货币政策措施质化与量化货币宽松，相比之前的全面货币宽松，其购买日本政府债券等资产的规模有了很大幅度的提升，以年均 41% 的速度快速扩张。在经历了近 4 年的 CPI 负增长后，2013 年日本 CPI 增长率转为正增长，2014 年达到巅峰 2.76%（见图 3.3）。

对于欧元区而言，随着欧洲中央银行资产负债表规模从 2009 年开始扩张，CPI 增长率持续增加。由于对通货膨胀的担忧，欧洲中央银行 2013 年暂停了长期再融资操作，CPI 增长率开始下降。2015 年 1 月，鉴于通货膨胀前景的进一步恶化，欧洲中央银行决定实施量化宽松，相继推出公共部门购买计划、企业部门购买计划，欧洲中央银行的 CPI 增长率从 2015 年的 0、2016 年的 0.2%，增长至 2018 年的 1.8%，不断接近欧洲中央银行 2% 的物价稳定目标（见图 3.3）。

3. 对失业率的影响

危机爆发初期，三大经济体的失业率都出现了明显的上升。从 2010 年开始，随着量化宽松等非常规资产负债表政策措施效应的显现，失业率开始下降，此后失业率整体呈现下降趋势。从图 3.4 中可以看出，三大经济体中，欧元区失业率最高，其次是美国，就业状况最好的是日本。

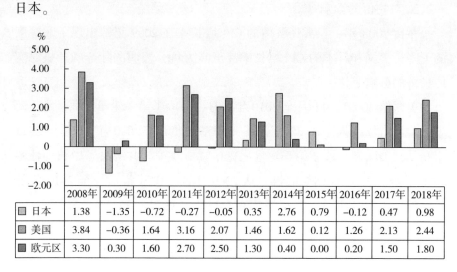

	2008年	2009年	2010年	2011年	2012年	2013年	2014年	2015年	2016年	2017年	2018年
□ 日本	1.38	−1.35	−0.72	−0.27	−0.05	0.35	2.76	0.79	−0.12	0.47	0.98
▨ 美国	3.84	−0.36	1.64	3.16	2.07	1.46	1.62	0.12	1.26	2.13	2.44
■ 欧元区	3.30	0.30	1.60	2.70	2.50	1.30	0.40	0.00	0.20	1.50	1.80

资料来源：根据经济合作与发展组织网站数据整理。

图 3.3　美国、日本和欧元区 CPI 年增长率

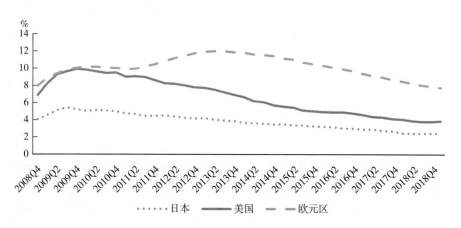

资料来源：根据经济合作与发展组织网站数据整理。

图 3.4　美国、日本和欧元区的失业率

　　需要特别指出的是，2010 年欧洲中央银行实施了一系列非常规资产负债表政策措施，但欧元区失业状况并无明显改善。在 2011—2013 年初的这段时间内，失业率出现大幅度上升，2013 年末才开始缓慢下降。这主要是因为欧洲在国际金融危机之后又经历了主权债务危机，给欧元区经济带来了较大的负面冲击。欧洲主权债务危机期间，欧元区内劳动力流动性大幅下降，各国就业保护增强，劳动力市场对外开放的步伐受到抑制，导致失业率较大幅度上升。2012 年 9 月 6 日，为有效缓解主权债务危机国家的债务偿还压力，欧洲中央银行推出了在二级市场上购买欧元区成员国国债的计划。此后，欧洲中央银行还采取了一系列非常规的救助措施，包括先期推出的为金融机构提供 3 个月期和 6 个月期的长期再融资操作等。伴随着欧洲主权债务危机救助措施的实施，2013 年第四季度欧元区失业率开始下降。

（二）对短期利率和长期利率的影响

1. 国际金融危机后的政策利率

2008 年国际金融危机爆发后，为了应对危机给实体经济带来的负面影响，三大中央银行都大幅下调政策利率。美联储迅速将政策利率降至 0 ~ 0.25%、日本中央银行降至 0 ~ 0.1%，而欧洲中央银行则采取了逐渐下调政策利率的方式，直至 2014 年 9 月末才开始将利率降至零利率水平，并一直保持在零利率水平。日本从 2016 年 9 月开始，一直采用负利率政策，刺激经济发展（见图 3.5）。

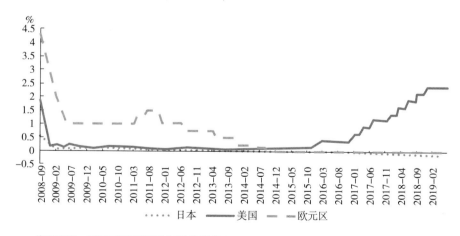

资料来源：根据国际清算银行网站数据整理。

图 3.5　美国、日本和欧元区的政策利率

与欧元区、日本不同，美国从 2015 年 12 月 16 日开始上调政策利率，将联邦基金利率上调至 0.25% ~ 0.5% 的目标区间，这是自 2006 年以来美联储的首次加息。此后，2016 年 12 月 14 日、2017 年 3 月 15 日、6 月 14 日、12 月 13 日和 2018 年 3 月 21 日、6 月 14 日、9 月 27 日和 12 月 20 日，美联储相继多次加息，联邦基金利率上调至 2.25% ~ 2.5%。另外，这三大中央银行都通过采用前瞻性指引加强对未来政策路径预期的引导，有效地降低了短期利率和长期利率。

2. 对短期利率的影响

2009 年 10 月，欧洲主权债务危机爆发，金融体系流动性出现紧张，导致欧元区货币市场利率上升。随着欧洲中央银行流动性供给和信贷宽松措施的实施，流动性紧张得到缓解，货币市场利率开始下降。受 2014 年 6 月欧洲中央银行实施负利率政策的影响，欧元区短期利率逐渐下降至负利率水平。受美联储加息的影响，美国 3 个月短期利率从 2016 年开始逐渐增加（见图 3.6）。

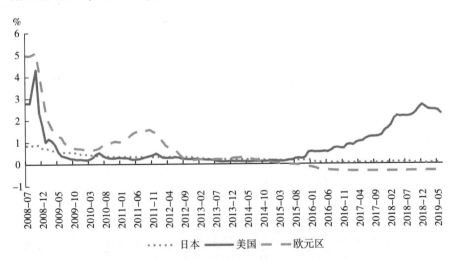

资料来源：根据经济合作与发展组织网站数据整理。

图 3.6　美国、日本和欧元区的 3 个月短期利率

3. 对长期利率的影响

欧洲中央银行于 2014 年 6 月将主要再融资利率降至 0.15%，并对

存款便利实施 −0.1% 的负利率，成为首个实施负利率政策的主要经济体中央银行。日本中央银行于 2016 年 9 月采取了附加收益率曲线控制的 QQE，将短期政策利率设定在 −0.1% 的水平，10 年期日本政府债券收益率目标值设定在 0 附近。这些措施都对其短期利率和长期利率产生了积极的影响（见图 3.7）。

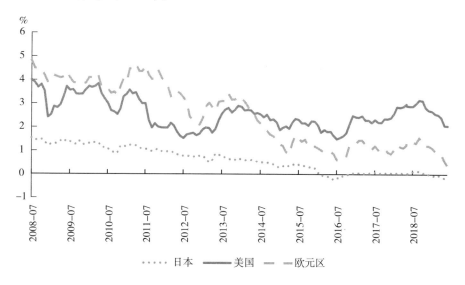

资料来源：根据经济合作与发展组织网站数据整理。

图 3.7　美国、日本和欧元区的 10 年期长期利率

对于美联储而言，不论是量化宽松货币政策，还是 2017 年 10 月以来的缩表，其目的不仅仅是提供或收回流动性，还包括有效调控长期利率。

（三）对股票价格的影响

股票价格指数是度量一个国家或地区股票市场波动的重要指标。这里规定 2015 年为基年，三大经济体 2015 年的股票价格指数为 100。

受国际金融危机的影响，三大经济体股票价格指数从 2008 年 10 月开始下跌。随着量化宽松等一系列资产负债表政策的实施，股票价格指数从 2009 年 4 月开始逐步上升。2011 年是欧债危机影响全球市场的一年，三大经济体股票价格指数在 2011 年下半年均下跌。2011 年 9 月至 2012 年 12 月，美联储实施了 6670 亿美元的扭曲操作，随后推出第四轮量化宽松政策，美国经济复苏较快，股市开始持续走强。2012 年末，日本中央银行开始推出无限量购买债券计划，日本股票价格指数加速上涨（见图 3.8）。

2015 年三大经济体股市出现巨幅震荡，其主要原因包括：一是原油价格暴跌；二是美联储加息。2015 年美联储加息预期一直笼罩着整个金融市场，市场风险偏好有所下降，投资者态度也较为谨慎，欧美股市多次受挫。2016 年美国大选后，投资者预期新一届美国政府可能出台财政刺激政策，并可能调低企业税，美国股市 2016 年下半年开始大幅上涨。日本股票价格指数在 2016 年下半年开始企稳回升，主要得益于日本中央银行的负利率政策，以及日元汇率大跌等因素（见图 3.8）。

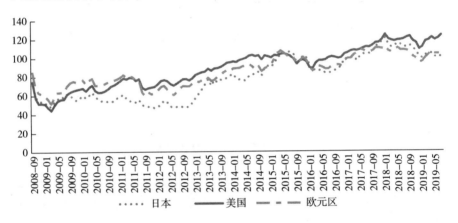

资料来源：根据经济合作与发展组织网站数据整理。

图 3.8　美国、日本和欧元区的股票价格指数（2015＝100）

四、对未来货币政策工具创新的启示

此次应对国际金融危机的过程中，主要经济体中央银行积极拓展其货币政策工具箱，修复功能受损的金融市场确保货币政策的有效传导，而且试图越过零利率下限为经济提供进一步的刺激。尽管近年来的理论和实证研究，都支持在金融危机期间使用这些非常规资产负债表政策工具，但也提出了一些值得思考的问题：货币政策应采取何种措施以降低触及零利率下限的可能性？在持续低通货膨胀和低利率的环境下，以短期利率调整为特征的常规货币政策是否足以应对下一次的经济衰退？资产负债表政策工具是否应纳入常规工具箱？等等。

（一）中央银行如何应对零利率下限风险

传统的货币政策操作框架，通常是通过政策利率的调整来体现货币政策态势，常常假定存在某个利率水平，使中央银行能实现其政策目标。此次危机前，学界和业界已经普遍认识到零利率下限会给货币政策实施带来挑战，但是直到 2008 年，当国际金融危机的严重性导致很多发达经济体中央银行将其政策利率降至接近零时，该问题才引起足够的重视。

在正常情形下，中央银行是否有必要调整其货币政策框架以应对触及零利率下限的风险，取决于这一风险的严重程度及触及零利率下限是否存在负的福利效应，这又取决于零利率下限背景下采用的非常规货币政策能否有效替代常规利率政策。

究竟哪些因素会影响触及零利率下限的可能性呢？自然利率是指与零产出缺口一致的实际利率。只要实际政策利率低于自然利率，货币政策就具有刺激效应。因为很小的冲击就足以将最优的政策利率推至负利率水平，更低的自然利率增加了触及零利率下限的可能性。对于新兴市场经济体而言，因为其具有更高的通货膨胀和自然利率，零利率下限并非一个迫切需要解决的问题。另外，对于低收入国家，货币政策挑战大多与结构性和体制问题有关，零利率下限也不是一个紧迫的问题。但是，对于具有更低自然利率的发达经济体而言，可能会更频繁地触及零利率下限（Laubach 和 Williams，2003）。国际金融危机表明，大冲击比之前预想得更为可能，而且自然利率可能会呈现长期向下的趋势。此次是在严重国际金融危机背景下触及零利率下限的，如果金融部门能更具弹性，有助于避免这一问题。但是，至少在理论上，存在足以将政策利率降至零的深度衰退，而没有伴随的国际金融危机出现。

如果非常规货币政策工具与短期政策利率同样有效，零利率下限并不会给货币政策操作带来明显的挑战。通过采用债券购买、前瞻性指引等非常规工具，中央银行可将货币政策中介目标从短期利率转向直接盯住长期利率。实证研究表明，非常规货币政策在降低长期债券收益率方面效果是明显的，具有与常规货币政策可比的效应。但是，这是基于金融极度紧张时期而得出的结论。如果是在没有严重金融动荡的背景下触及零利率下限，非常规货币政策的有效性可能会下降，而且非常规货币政策的实施也会存在政策很难校准、退出较为复杂及潜在效应递减等问题。

(二) 资产负债表政策是否应纳入常规工具箱

Constâncio (2017)[1] 指出，源于金融市场出现的结构性变化，有必要将资产负债表政策工具纳入中央银行常规工具箱，主要基于以下四个方面的理由：(1) 有担保货币市场交易作用的不断提升；(2) 隔夜利率之外多种市场利率的重要性；(3) 非银行机构在市场融资中重要性的不断提升；(4) 安全资产稀缺会影响市场运行和抵押物管理。

一些学者认为，美联储应该保持较大规模的资产负债表，强调了逆回购协议计划的重要性。Duffie 和 Krishnamurthy (2016)[2] 认为，由于套利限制会阻止短期利率向长期利率的传导，美联储通过逆回购协议计划，可以与更多交易对手进行逆回购操作和影响更多的利率，进而促进货币政策的有效传导。Greedwood (2016)[3] 认为，中央银行应该保持较大规模的资产负债表，作为调控安全资产供给的重要途径。特别是通过逆回购协议计划，创造期限非常短的安全资产，以促进金融稳定。

---

① VÍTOR CONSTÂNCIO. The Future of Monetary Policy Frameworks [R]. Instituto Superior de Economia e Gestão, Lisbon, 2017.

② DUFFIE, D. and A. KRISHNAMURTHY. Pass–through Efficiency in the FED's New Monetary Policy Setting [R]. Jackson Hole Symposium of the Federal Reserve Bank of Kansas City, 2016.

③ GREENWOOD, R., S.G. HANSON, and J. C. STEIN. The Federal Reserve's Balance Sheet as a Financial Tool [R]. Jackson Hole Symposium of the Federal Reserve Bank of Kansas City, 2016.

危机期间的流动性冲击表明，银行体系持有充足的准备金余额缓冲和流动性资产的重要性。同样地，危机也启示中央银行拥有更多交易对手（包括非银行金融机构）在应对市场分割和支持金融稳定方面所发挥的积极作用。比如，欧洲中央银行公开市场操作中，可接受抵押物范围和参与银行的广泛性，在危机初期具有明显的优势。即使是在正常时期，也会存在一定程度的市场分割；而且，新的金融监管也会导致对高质量抵押物需求增加，因此，上述中央银行资产负债表的变化可能需要永久保留。为某些非银行机构提供获取中央银行便利的直接机会，不仅有利于创造更为公平的市场环境，而且将支持构建更为多样化的、不以银行为中心的金融体系。

一旦传统抵押物用尽，中央银行会通过扩大合格抵押物范围向银行提供流动性。继续接受更广泛的资产作为抵押物，将会提高市场深度和流动性，而且会释放高质量流动性资产以满足监管要求（如《新巴塞尔协议》的流动性要求、衍生交易中的保证金和抵押物要求）。鉴于银行金融活动全球化程度的不断提高，将抵押物拓展至包括外币资产显得特别重要。

扩大合格抵押物范围和交易对手也存在一定的风险。因为预期在遇到困难时可以轻松获得中央银行的流动性，更为宽松的抵押物政策可能会导致银行持有流动性较低的资产组合（尽管这可以通过监管进行修正）。拓展中央银行的交易对手，将非银行机构纳入中央银行的交易对手范围，可能会对金融体系的结构和操作带来意想不到的影响。为了弄清在正常情形下拓宽合格抵押物和交易对手范围是否有益，需要更深入地研究以下一些问题：上述的这些风险对福利有何影响？针对上述风险采取的监管行动是否有效？如果这些改变永久存在，金融机构行为会发生怎样的变化？

（三）中央银行是否应该盯住长期利率

过去20多年来，中央银行的货币政策操作主要是针对收益率曲线短期端进行干预，这主要基于两个方面的原因：一方面，对短期端的干预有利于最小化信用风险，避免中央银行购买长期政府债券可能存在的相关问题；另一方面，运转良好的金融市场可以确保政策行动通过收益率曲线的有效传导。事实上，大量证据表明，短期利率（包括其对长期利率的影响）是影响总支出的一项有效工具。

然而，此次国际金融危机的实践及 20 世纪中期以来美国长期利率的明显粘性，再次引发了对货币政策是否应该直接盯住长期利率的讨论。支持盯住长期利率的观点主要基于三个方面的理由：（1）避免经济受到期限溢价的冲击（Carlstrom 等，2014）[①]；（2）长期利率是与支出决定最相关的利率；（3）避免触及零利率下限的风险。

长期利率反映了未来短期利率的预期路径和随时间变化的期限溢价。在一些文献中，将期限溢价与未来通货膨胀的不确定性及对不同资产偏好差异导致的金融市场分割联系在一起。相比未来短期利率预期路径的变化，期限溢价的变化尽管对总需求影响较小，但也会影响短期政策利率对实体经济的传导。另外，期限溢价的变化也会带来显著的溢出效应（Bayoumi 和 Vitek，2013）[②]。

如果期限溢价能够与短期利率同方向变动，货币政策可以容易地通过调整短期利率为经济提供合适的长期利率。然而，现实并非总是如此。比如，2004 年 6 月至 2005 年 6 月，联邦基金利率目标值上升 2%，但是 10 年期国债收益率却几乎下降 1%；2008 年秋，当联邦公开市场委员会大幅下调联邦基金利率目标值时，长期利率不降反升。直接盯住长期利率，有利于将其控制在货币当局所期望的水平上，而不管期限溢价如何变化。

然而，长期利率的稳定，却是以短期利率的波动为代价。假设某一长期债券收益率是中央银行的操作目标，那么隔夜存款利率与该长期债

---

① CARLSTROM et al. Targeting Long Rates in a Model with Segmented Markets ［R］. Federal Reserve Bank of Cleveland, mimeo, 2014.

② BAYOUMI, TAMIM, and FRANCIS VITEK. Macroeconomic Model Spillovers and their Discontents ［R］. IMF WP, 2013.

券一天的回报率，通过套利会达到相等。如果政策利率的变化在两次货币政策会议之间被预期到，套利将导致隔夜利率的大幅波动（Woodford，2005）[1]。比如，英格兰银行以两周回购利率作为官方利率，导致极短期利率的大幅波动（Tucker，2004）[2]。而对于小型开放经济体，这样的政策可能会导致汇率的波动上升。

在存在金融扭曲的背景下，这一过度波动还会影响福利。比如，隔夜利率上升会对那些特别依赖批发融资市场的金融机构产生不利影响。而且，由于短期利率和长期利率对总需求影响的不同，这会给不同传导渠道的实证研究带来很大的不确定性。因此，相比期限溢价变动，不期望的短期利率变动可能对产出稳定具有更大的破坏性。尽管如此，理论上，货币政策可通过更为关注利率平滑等途径来降低破坏性。而且，市场和机构很可能会预期到这一点，将会改变其融资结构。

对中央银行盯住长期利率的另一担忧是财政支配风险。对于中央银行在某一价格水平上购买政府债券的公开承诺，市场可能会将其视为货币政策服从于财政廉价融资的需要。如果公共债务成为一个突出问题，市场会认为，中央银行是因为面临政治压力而将主权债券收益率保持在低水平以降低公共债务的实际价值。但是，盯住短期利率也不一定就会保护货币政策不受财政支配的影响，因为中央银行可以通过提高通货膨胀率来降低公共债务的实际价值。

尽管存在一定的理由支持以长期利率作为货币政策工具，但是，当前没有足够的理论或实证研究表明该工具实施的收益大于成本，也未能提供克服操作困难的方法。

（四）中央银行是否应该管理收益率曲线的形状

中央银行是否应该管理收益率曲线的形状呢？当宏观审慎政策面临

---

①　WOODFORD, MICHAEL. Comment on "Using a Long – Term Interest Rate as the Monetary Policy Instrument"［M］. Columbia University, 2005.

②　TUCKER, PAUL, Managing the Central Bank's Balance Sheet: Where Monetary Policy Meets Financial Stability［R］. Lecture given in London on July 28, available at www. bankofengland. co. uk, 2004.

约束时，货币政策需要在维护金融稳定方面发挥更积极的作用。货币政策如何实现金融稳定这一目标呢？降低金融机构短期内过度负债导致的流动性风险，是实现金融稳定目标的重要途径之一。

一种方法，由于隔夜利率取决于两个要素——对准备金支付的利率及发行短期债券成本所决定的溢价（Stein，2012）[①]，因此，可通过两条途径改变隔夜利率：一是改变对准备金支付的利率，二是改变金融中介所发行短期债券的溢价。

另一种方法，是通过管理收益率曲线的形状影响期限转换的激励（借短贷长）。具体而言，通过准备金利率控制短期利率，通过债券购买控制长期利率（Gagnon 和 Sack，2014）[②]。未来还需要基于金融稳定视角，研究管理收益率曲线相对运用宏观审慎政策的收益，以判断这是否是未来正确的方向。另外，因为出于金融稳定目标希望的收益率曲线形状，可能与常规货币政策目标所要求的不同，未来的研究还需要分析目标相互冲突的潜在福利成本。

（五）中央银行是否应该继续使用信贷宽松

国际金融危机期间，信贷宽松（中央银行购买私人资产）有利于恢复那些无法正常运转市场上的金融中介活动和套利。但是，在金融摩擦存在但破坏性很小的正常情形下，这一政策是否应该继续呢？

理论上，直接买卖私人资产通过控制资产价格周期，有利于降低实体经济的波动。比如，一个被大家所熟悉的放大机制——源于资产价格变化导致的抵押物价值和借贷双方资产负债表状况的变化（Sandri 和 Valencia，2013）。在这样的环境下，控制资产价格的波动有利于降低总需求的波动。

然而，实践中，这一策略在降低某些扭曲的同时，也产生了一些新

① STEIN, JEREMY. Monetary Policy as Financial Stability Regulation [J]. Quarterly Journal of Economics, 2012, 127 (1): 57 –95.

② GAGNON, JOSEPH, and BRIAN SACK. Monetary Policy with Abundant Liquidity: A New Operating Framework for the Fed [R]. Peterson Institute for International Economics, 2014.

的扭曲，包括阻止价格发现。在危机时期，因为金融扭曲非常严重，而且时间非常紧迫，这一策略显然具有正的净效应；但是，正常情形下就不同了，备受关注的一个问题是——这样的政策究竟是应该由中央银行还是由财政部门来实施呢？在有些国家，主要是通过国有或国家支持的银行为中小企业和居民提供直接贷款或贷款保证，或提供补贴和税收激励以支持贷款发放。鉴于这些计划潜在的分配和政治影响，最好应该与财政部门一起来承担这些计划。而且如果由中央银行实施，这些行动无疑会影响中央银行的可信性，增加政府干预的风险。

第四章

国际金融危机背景下中央银行资产负债表政策的国际溢出效应

主要经济体中央银行应对国际金融危机的实践表明，资产负债表政策既对缓解本土经济增长乏力、通货紧缩和流动性紧张等起到一定的积极作用，同时在国际金融危机这一特殊时期更会产生显著的国际溢出效应。本章运用面板向量自回归模型（PVAR）和向量自回归模型（VAR），分析比较此次国际金融危机后美联储与欧洲中央银行资产负债表政策的实施和退出对全球 25 个主要经济体的国际经济效应，包括对全样本经济体的影响、本土经济效应、对发达与发展中经济体的影响、对不同汇率制度经济体的影响及对中国的影响。

一、文献综述

Werner（1995）正式提出了量化宽松概念，他认为中央银行仅通过降低利率的方式无法有效应对经济衰退，此时通过采取资产购买计划等方式干预信贷市场是一种必要手段，中央银行资产购买计划将直接导致其资产负债表的扩张。国际金融危机爆发后，以欧元区和美国为代表的发达经济体的基准利率逐渐逼近零利率下限，彼时欧洲中央银行和美联储以资产购买计划实施非常规货币政策具备量化宽松政策的重要特征（Gambacorta 等，2014）。

理论方面，Gertler 和 Karadi（2011）通过构建一个包含金融中介的动态随机一般均衡模型，分析中央银行非常规货币政策的经济效应。其中，金融中介分为中央银行和私人金融中介，前者不存在资产负债表约束，后者的资产负债表约束是内生决定的。研究表明，国际金融危机爆发后，私人金融中介的资产负债表不断收紧，将直接影响其信贷能力和意愿，此时无论是否受到零利率下限的约束，中央银行资产负债表的扩张政策均可能产生实质性的福利效应，这说明非常规货币政策在应对国际金融危机时具有理论上的可行性和有效性。

美国量化宽松政策方面，Gagnon 等（2011）指出，美国量化宽松政策降低了长期利率，有利于经济复苏。Neely（2015）认为，美国量化宽松政策主要通过降低国际长期债券收益率和美元价值两个方面对国际社会产生显著影响。Chen 等（2016）研究认为，美国多轮量化宽松政策对发达经济体持续的经济衰退和通货紧缩具有抑制效应，且政策溢出效应在新兴市场经济体中表现得更为显著；对于中国、巴西等一些新兴市场经济体，美国量化宽松政策有助于其国际金融危机之后的经济复苏，同时也是其2010—2011年经济过热的重要外在因素。

欧洲中央银行以资产购买计划形式实施的非常规货币政策方面，Bluwstein 和 Canova（2016）考察了欧洲中央银行非常规货币政策对九个非欧元区国家的溢出效应。结果表明，财富渠道、风险渠道和投资组合再平衡渠道是影响非常规货币政策国际传导的主要因素，汇率渠道和信贷渠道则不是；另外，一国金融体系越发达，国内银行市场份额越大，非常规货币政策的国际溢出效应越显著。刘澜飚等（2017）从政策动因、潜在风险、传导机制和政策效果等方面分析了欧洲中央银行2008年以来一系列非常规货币政策，发现这些政策显著提升了资产价格，对缓解银行体系流动性压力和增强银行放贷意愿具有积极作用。Burriel 和 Galesi（2018）采用全球向量自回归模型（GVAR）实证检验了欧洲中央银行非常规货币政策对欧元区成员国的影响，结果发现，多数成员国能够从政策实施中获益，但彼此之间存在较大差异，差异之一是一国银行体系越脆弱，其获益就越少；他们进一步研究指出，相对于常规的利率政策，非常规货币政策的冲击效果更小且短暂。

量化宽松政策既对缓解本土经济增长乏力、通货紧缩和流动性紧张等起到一定的积极作用，同时在国际金融危机这一特殊时期更会产生显著的国际溢出效应。已有文献虽然对这些问题进行了大量的定性和定量研究，但较少在统一的研究框架下，从量化宽松政策的实施和退出两个角度进行全面分析。本章的主要贡献在于：第一，欧元区和美国是实施资产负债表政策的典型经济体，在统一研究框架下定量分析欧洲中央银行与美联储资产负债表政策的国际经济效应，将增强结论的可比性。第二，在变量选择方面，以工业产出表征经济增长，可探讨资产负债表政策对经济增长的影响。第三，在实证研究部分，既考虑资产负债表政策的国际溢出效应，也分析其本土经济效应，以判断政策实施或退出的有效性。

二、货币政策国际溢出效应的理论发展

蒙代尔—弗莱明模型、多恩布什模型和新开放宏观经济模型是货币政策国际溢出效应的理论基础。

（一）蒙代尔—弗莱明模型

标准的两国蒙代尔—弗莱明模型（Mundell，1963）[1] 认为，本国货币供应量增加带来的货币宽松，对本国的产出具有积极的影响；同时，会导致本国货币的贬值。这将会给外国的产出带来两种相互抵消的影响：一方面，本国货币的贬值会对外国产出带来负面影响，即以邻为壑效应；另一方面，本国产出的扩张会对外国产出具有积极的影响，表现为本国对外国出口需求的增加。理论上并没有指出，这两种效应中的哪一种会处于支配地位。如果本币贬值的影响处于支配性地位，那么外国的产出就会下降；而如果本国的产出扩张效应更为突出，那么外国的产出就会上升。

即使假定本国和外国的商品和服务价格在短期内具有粘性，货币扩

---

① MUNDELL, ROBERT A. Capital Mobility and Stabilization Policy under Fixed and Flexible Exchange Rates［J］. Canadian Journal of Economics and Political Science，1963，29（4）：475－485.

张也会对本国和外国的消费价格产生影响。一国的消费价格是该国国内商品和服务价格与进口商品和服务价格的平均值。本币贬值，增加了以本币表示的进口商品和服务的价格，因此，会提高本国的消费物价指数。相反，对外国而言，这将会降低以该国货币表示的进口商品价格，导致外国的 CPI 下降。这意味着，在一定的产出水平下，本国消费篮子的实际价值会下降，而外国消费篮子的实际价值将会上升。

因此，即使本国货币扩张对外国产出具有负的净效应（或以邻为壑效应），由于外国贸易条件的改善，这往往也会被外国实际消费的上升所抵消（至少是被部分抵消）。如果本国货币扩张对外国产出未产生负面影响，外国显然是获益的。相反，由于本国贸易条件恶化导致本国实际消费下降，本国货币扩张对本国的积极效应可能会被抵消（至少是被部分抵消）。

当本国和外国的商品及服务价格固定时，上述的这些影响仅仅只是短期的。长期来看，货币扩张将会提高本国商品价格，以将实际汇率恢复至货币扩张前同样的水平，实际产出也将会回到每个国家的潜在产出水平。如果本国货币扩张与结构性改革一起实施以提高本国的潜在产出，本国货币扩张对外国产出任何可能的负面影响，很有可能被本国产出的永久上升所抵消。

（二）多恩布什拓展

在蒙代尔—弗莱明模型的基础上，多恩布什的超调拓展（Dornbusch，1976）提供了另一个视角。该模型具有两方面的重要理论意义：第一，货币政策的变化会导致资产价格的大幅波动，特别是汇率。比如，本国的货币扩张，会导致汇率短期内的超调——汇率迅速、大幅地贬值，然后又会缓慢升值到一个新的长期均衡水平。但是，相对最初的汇率水平而言，仍然是有一定幅度的贬值。第二，因为金融市场具有前瞻性，对未来货币政策变化的预期，会导致当前汇率和股票价格等资产价格的变化。比如，即使当前的货币政策没有变化，对本国未来货币政策扩张的预期也会导致汇率迅速地贬值。

因此，由于超调和预期导致的资产价格波动，反映了金融市场固有的前瞻性特征。资产价格会对新的信息作出反应，包括未来货币政策态势的预期变化。

（三）新开放经济宏观经济学模型

Obstfeld 和 Rogoff（1995，2000）[1] 及 Corsetti 和 Pesenti（2001）[2] 提出的新开放经济宏观经济学，拓展了货币政策国际溢出效应的研究视角。如果名义价格是粘性的，溢出机制会受到出口企业定价行为差异的影响。

第一，如果本国和外国出口企业都采用生产者货币定价（PCP），那么，由于货币扩张带来的本国货币贬值，不会改变本国出口以本国货币的计价，但是会提高本国进口以本国货币的计价。另外，它将会降低本国出口以外国货币的计价，而不会影响外国出口商品以外币的计价。因此，本国货币扩张会恶化本国的贸易条件，而改善外国的贸易条件。本国更高的进口商品价格，会导致本国与进口商品相竞争的商品的生产扩张，进而降低外国产品的出口。国外更低的进口商品价格，将会降低与进口有竞争力的产品的生产，进而促进本国产品的出口。

尽管本国产出增加而外国产出下降，但是外国消费者因为其贸易条件的改善会享有更高的消费水平，这将会抵消其产出的下降（Obstfeld 和 Rogoff，1995；Corsetti 和 Pesenti，2000）。如果这一抵消效应足够大，本国的货币扩张就不大可能会带来以邻为壑效应。

第二，如果本国和外国出口企业采用当地货币定价（LCP），本国货币扩张导致的本币贬值，会增加本国出口产品以本币标明的价格，而进口商品以本币标识的价格不变。对于外国而言，这将会降低出口产品以外币标识的价格，而进口产品以外币标明的价格不变。因此，本国货

---

① OBSTFELD, MAURICE and KENNETH ROGOFF. Exchange Rate Dynamics Redux [J]. Journal of Political Economy, 1995, 102: 624 – 660.

② CORSETTI, GIANCARLO and PAOLO PESENTI. Welfare and Macroeconomic Interdependence [J]. Quarterly Journal of Economics, 2001, 116: 421 – 446.

币扩张会改善本国的贸易条件，刺激本国产品的出口，但这将会恶化外国的贸易条件，降低外国产品的出口。结果，本国货币的扩张，通过增加本国的产出和改善本国的贸易条件，会对本国消费者有利，而不利于外国消费者。在此种情形下，本国的货币扩张产生了以邻为壑效应。

第三，如果某些出口企业采用PCP，而另一些企业采用LCP，问题将会变得更为复杂，结果将变得更加不确定。在此情形下，本国货币扩张是否会产生以邻为壑效应，取决于每一个国家采用PCP的比例，不同国家之间价格设定不对称的程度，国家的规模及模型的其他结构性特征。取决于上述的这些假定，本国货币扩张将会对外国产生正或负的溢出效应。

三、资产负债表政策国际溢出效应的传导渠道

国际金融危机爆发以来，资产负债表政策国际传导的金融渠道日益受到关注。主要表现为以下五个方面。

（一）汇率渠道

资产负债表政策措施可能会改变双边的名义或实际汇率，对外国净贸易的影响不仅取决于发达经济体的进口弹性大小，而且还需要与量化宽松引起的新兴市场货币升值的程度进行权衡。

（二）信贷渠道

信贷渠道包括银行贷款渠道和资产负债表两个子渠道。银行贷款渠道是指在市场流动性数量出现变化时，资产负债表政策通过影响银行准备金进而影响贷款发放。资产负债表渠道是指现金流和担保物价值的变化会带来银行和企业净值的变化，进而影响贷款发放。这两个子渠道会从贷款的数量和质量两方面改变信贷状况。对于那些金融一体化的经济体，全球信贷状况也会受到相应的影响。

（三）信心渠道

信心渠道会影响对不确定性和风险的感知。流动性和资产价格的变

化会对风险产生间接的效应，因为这会影响投资者的信心，进而影响投资和消费决定。

（四）财富渠道

资产负债表政策措施可能改变资本的相对成本，影响股票、债券、房产和土地的相对价格，进而导致国际资本流动。主要经济体中央银行资产负债表政策实施后，政策利率都保持在零利率的水平，与新兴经济体利差的扩大刺激了套利交易，推高了新兴经济体的资产价格。另外，持续低利率和充裕流动性的背景下，主要经济体的金融机构愿意承担更大的风险以寻求高收益交易。

（五）资产组合再平衡渠道

资产负债表政策通过引起中央银行资产负债表规模或组成发生变化，产生了资产组合再平衡渠道（Krishnamurthy 和 Vissing - Jorgensen，2011）。资产负债表政策被认为会降低私人资产组合的久期风险（Bernanke，2010）。除了久期效应，随着投资者寻求更高的收益率或更低的风险，资产组合再平衡渠道可能会导致在那些采用资产负债表政策和未采用资产负债表政策的国家之间资产的国际再平衡（Passari 和 Rey，2015）。这一再平衡效应也可能会影响名义汇率（Bruno 和 Shin，2015）和进口价格，进而影响外国的物价、产出和消费。

资产负债表政策国际传导渠道详见图4.1。

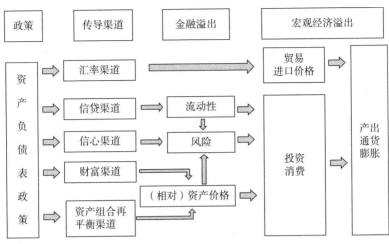

图 4.1 资产负债表政策国际传导渠道

四、美联储和欧洲中央银行资产负债表政策的国际经济效应[①]

货币政策的作用机制是通过货币政策工具影响中介目标，进而间接作用于最终目标。传统金融学理论认为，货币政策的最终目标包括物价稳定、充分就业、经济增长和国际收支平衡。近年来，随着金融市场的快速发展及国际金融危机破坏力的增强，金融稳定也逐渐纳入多国中央银行货币政策最终目标监控体系（马理和余慧娟，2015）。在经济全球化的背景下，国际市场的联动机制更加迅捷，一国货币政策的实施不仅影响国内经济，也会对其他经济体产生一定的溢出效应。本章主要研究欧洲中央银行与美联储资产负债表政策的全球经济影响，样本包括 25 个经济体，由于涉及面板数据的处理，我们运用面板向量自回归模型（PVAR）分析资产负债表政策冲击的脉冲响应函数和方差分解结果。

（一）研究方法

结合 Love 和 Zicchino（2006）的研究方法，本章构建如下形式的 PVAR 模型：

[①] 本部分研究的资产负债表政策国际经济效应，包括国际溢出效应和本土效应。

$$Y_{it} = \Phi_0 + \sum_{j=1}^{n} \Phi_j Y_{i,t-j} + \eta_i + \varepsilon_t$$

式中，针对资产负债表政策的情形，Y_{it} 为 $\{Debt_t, IP_{it}, CPI_{it}, Trade_{it},$ $REER_{it}, Stock_{it}\}$；η_i 为时间效应，ε_t 为误差项。为了区分欧洲中央银行和美联储的资产负债表政策，分别命名为 $Debt\_ECB_t$ 和 $Debt\_Fed_t$，其中 ECB 代表欧洲中央银行，Fed 代表美联储。相关变量的具体含义如下：

第一，政策变量 $Debt\_ECB_t$ 表示欧洲中央银行与货币政策操作相关的资产购买计划，包括欧元区信用机构欧元借款和为货币政策目的持有的欧元区居民欧元证券，对周度数据取平均值得到月度数据。该值在国际金融危机之后发生显著变动，是衡量欧洲中央银行资产负债表政策的合理指标。政策变量 $Debt\_Fed_t$ 指美联储购债规模，由美联储购买的国债或抵押贷款证券构成，同样取周度平均值得到月度数据。

第二，五个经济变量 $\{IP_{it}, CPI_{it}, Trade_{it}, REER_{it}, Stock_{it}\}$ 根据货币政策最终目标选取，分别是工业产出同比增速、消费者物价指数（CPI）同比增速、进出口总额、实际有效汇率和股市指数（Galariotis 等，2018）。具体而言，工业产出和进出口总额衡量经济体的经济增长与市场活力状况，CPI 测度物价稳定，实际有效汇率表征国际收支平衡，股市指数反映金融稳定。需要指出的是，本章采用实际有效汇率作为国际收支平衡的代理指标，主要基于以下考虑：其一，国际收支既包括经常项目，也包括资本项目，国际收支平衡意味着外汇市场供求相等，官方外汇储备无明显变化，汇率基本稳定（孙国峰，2014）；其二，对于阿根廷、南非等国家，其经常项目基本处于平衡状态，加上资本项目数据的可得性问题，单纯基于贸易差额无法反映其汇率显著波动的特征。另外，各国关于就业水平的统计口径不一，数据可得性和质量参差不齐，在实证研究中没有将其纳入（马理和余慧娟，2015）。最后，为提高各经济体数据之间的匹配性，IP_{it} 和 CPI_{it} 均为当月同比增速，进出口总额 $Trade_{it}$ 通过月度汇率数据折算成美元，实际有效汇率 $REER_{it}$ 以 2010 年作为基期测度货币汇率和实际购买力的变动情况，股市指数 $Stock_{it}$ 以各经济体代表性证券交易所指数的月度收盘价表示。

（二）数据样本

研究样本涉及全球 25 个主要经济体，根据国际货币基金组织《世界经济展望数据库》（2019 年 4 月）将其初步划分为发达经济体和发展中经济体两组，分别为：（1）澳大利亚、加拿大、中国台湾、欧元区、法国、德国、中国香港、意大利、日本、韩国、新加坡、英国、美国共13 个发达经济体；（2）阿根廷、巴西、中国、印度、印度尼西亚、马来西亚、墨西哥、菲律宾、俄罗斯、南非、泰国、土耳其共 12 个发展中经济体。以 2008 年 9 月美国雷曼兄弟公司申请破产保护作为起始点，研究区间为 2008 年 9 月至 2019 年 6 月，共 130 个月。数据来源于 Wind 资讯、CEIC 数据库、国际清算银行、OECD 数据库等。IMF 统计数据显示，2018 年样本经济体 GDP 总规模为 727212.54 亿美元，人口总和为48.72 亿人，分别占世界 GDP 和人口的 85.82%、65.28%，因此样本具有良好的代表性。在下面的研究中，进一步将样本经济体分成本土经济体、浮动汇率制度经济体、钉住汇率制度经济体、金砖国家、中国等，以全面对比分析欧洲中央银行与美联储资产负债表政策国际经济效应的差异。

（三）实证研究

本章实证研究主要围绕三个方面展开：（1）以全样本经济体为切入点，选择欧洲中央银行与美联储的购债规模为主要冲击变量，基于PVAR 模型评估分析资产负债表政策的国际经济效应；（2）在此基础上，对全样本经济体进行分组，考察欧洲中央银行与美联储资产负债表政策的本土经济效应，以及对不同类别经济体的影响；（3）中国经济处于新常态和关键攻坚期，且当前国际环境错综复杂，欧洲中央银行与美联储货币政策的溢出效应不可忽视，为此本章采用向量自回归模型（VAR）分析欧洲中央银行与美联储资产负债表政策对中国经济的潜在溢出效应。

1. 对全样本经济体的影响

（1）实证准备

为减少异方差问题，对欧洲中央银行购债规模 $Debt\_ECB_t$、美联储购债规模 $Debt\_Fed_t$、进出口总额 $Trade_{it}$、实际有效汇率 $REER_{it}$ 及股市指数 $Stock_{it}$ 取自然对数。在估计 PVAR 模型参数系数之前，首先对样本数据进行平稳性检验。政策变量 $Debt\_ECB_t$ 和 $Debt\_Fed_t$ 是时间序列数据，采用 ADF 检验；变量 IP_{it}、CPI_{it}、$Trade_{it}$、$REER_{it}$ 和 $Stock_{it}$ 是面板数据，均进行 LLC 同质单位根检验和 IPS 异质单位根检验。研究基于 Stata14 和 Eviews 8 软件进行，检验结果如表 4.1 所示。

表 4.1　　　　　　　　　　　　平稳性检验

变量	检验方法	统计量	P 值	结论
$Debt\_ECB_t$	ADF	− 0.2118	0.9328	不平稳
$\Delta Debt\_ECB_t$	ADF	− 5.4070	0.0000	平稳
$Debt\_Fed_t$	ADF	− 1.8995	0.3317	不平稳
$\Delta Debt\_Fed_t$	ADF	− 6.4867	0.0000	平稳
IP_{it}	LLC	− 7.1092	0.0000	平稳
	IPS	− 9.0628	0.0000	平稳
CPI_{it}	LLC	− 5.9988	0.0000	平稳
	IPS	− 6.3716	0.0000	平稳
$Trade_{it}$	LLC	− 0.4427	0.3290	不平稳
	IPS	− 6.8498	0.0000	平稳
$\Delta Trade_{it}$	LLC	− 42.2086	0.0000	平稳
	IPS	− 44.5910	0.0000	平稳
$REER_{it}$	LLC	− 2.2335	0.0128	平稳
	IPS	0.6116	0.7296	不平稳
$\Delta REER_{it}$	LLC	− 30.7229	0.0000	平稳
	IPS	− 31.9523	0.0000	平稳
$Stock_{it}$	LLC	− 8.0267	0.0000	平稳
	IPS	0.2529	0.5998	不平稳

续表

变量	检验方法	统计量	P 值	结论
$\Delta Stock_{it}$	LLC	- 27. 5719	0. 0000	平稳
	IPS	- 40. 1955	0. 0000	平稳

结果表明，除工业产出同比变动率、通货膨胀率外，其他变量的原序列均为非平稳序列。为提高欧洲中央银行与美联储资产负债表政策国际经济效应的可比性，以及 PVAR 模型的收敛性，对除 IP_{it}、CPI_{it} 以外的其他变量均进行一阶差分。基于处理后的数据集，根据 AIC、BIC 和 HQIC 准则，本章确定 PVAR 模型的最优滞后阶数为 5，然后运用 Westerlund（2007）误差修正模型检验方法进行协整检验。结果显示，欧洲中央银行与美联储货币政策变量与样本国家和地区的经济变量集合之间存在协整关系。在上述检验的基础上，本章通过脉冲响应函数和方差分解技术，比较欧洲中央银行与美联储资产负债表政策对全样本经济体经济影响的差异。

（2）实证结果

对欧洲中央银行购债规模和美联储购债规模分别施加一单位标准差的正向冲击，经过系统 GMM 模型和蒙特卡洛模拟得到的相关脉冲响应函数和方差分解结果如表 4.2 所示。

表4.2　基于全样本经济体的脉冲响应函数和方差分解结果

变量	时期	欧洲中央银行	美联储	时期	欧洲中央银行	美联储
工业产出	0	0. 0391	- 0. 0142	6	0. 002	0. 002
	1	- 0. 1404	- 0. 1417	12	0. 002	0. 016
	6	- 0. 1127	0. 2047	18	0. 002	0. 032
	12	0. 0100	0. 4208	24	0. 001	0. 038
	累积	- 0. 7365	1. 9455	30	0. 001	0. 035

续表

变量	时期	欧洲中央银行	美联储	时期	欧洲中央银行	美联储
CPI	0	− 0.0222	− 0.0835	6	0.001	0.035
	1	− 0.0063	− 0.1106	12	0.000	0.023
	6	− 0.0232	− 0.2153	18	0.000	0.017
	12	− 0.0032	− 0.2513	24	0.000	0.014
	累积	− 0.2614	− 2.6905	30	0.000	0.013
贸易总额	0	0.0058	0.0037	6	0.024	0.023
	1	− 0.0105	− 0.0002	12	0.024	0.029
	6	0.0016	0.0051	18	0.022	0.029
	12	0.0003	0.0016	24	0.019	0.028
	累积	0.0007	0.0277	30	0.015	0.026
有效汇率	0	0.0001	0.0010	6	0.003	0.011
	1	− 0.0003	0.0014	12	0.003	0.013
	6	0.0001	0.0003	18	0.003	0.013
	12	0.0000	0.0003	24	0.003	0.014
	累积	− 0.0002	0.0063	30	0.002	0.013
股市指数	0	0.0030	0.0017	6	0.021	0.041
	1	− 0.0037	0.0080	12	0.021	0.041
	6	0.0003	0.0002	18	0.021	0.041
	12	0.0000	0.0000	24	0.021	0.041
	累积	− 0.0074	0.0235	30	0.020	0.041

注：左边为脉冲响应函数，右边为方差分解结果，累积表示 0～12 期的累积脉冲响应函数。

从脉冲响应函数可知，面对欧洲中央银行购债规模的正向冲击，全样本经济体的工业产出、CPI、有效汇率和股市指数 12 期的累积脉冲响应函数均为负值，表明欧洲中央银行资产负债表政策整体上对提振经济、缓解通货紧缩压力等产生一定的负面影响。与此相对应，美联储购债规模的正向冲击则有利于全样本经济体的经济、贸易和股市活动，但会提高其通缩和货币升值压力。方差分解结果反映的是货币政策冲击对相关经济体经济变量波动的解释能力或贡献度，由表 4.2 可知，欧洲中央银行资产负债表政策对相关变量波动的解释能力弱于美联储。具体而言，欧洲中央银行购债规模增加对贸易总额和股市指数波动的解释能力相对较强，但长期看仅有1.5%和2.0%；相比而言，美联储购债规模增加冲击贡献度较高的是工业产出、贸易总额和股市指数，达到3.5%、2.6%和4.1%。由此可知，欧洲中央银行资产负债表政策对全样本经济体经济变量波动的解释能力与美联储存在较大差距；此外，贸易渠道和金融市场是两大中央银行资产负债表政策作用于全球宏观经济的主要传导路径。

2. 本土经济效应

分析欧洲中央银行与美联储资产负债表政策的本土经济效应，目的在于判断欧洲中央银行与美联储政策的有效性，即政策是否对相关经济变量产生预期影响。其中，欧洲中央银行针对的本土经济体为欧元区，美联储针对的本土经济体为美国。由于 PVAR 模型只适合于面板数据，无法识别政策对单一经济体的影响，同时为增强结论可比性，此处统一采用滞后5阶的 VAR 模型对比分析欧洲中央银行和美联储资产负债表政策的本土经济效应，实证结果如表4.3所示。

表4.3　　　　　　　　　　　　本土经济效应

变量	时期	欧洲中央银行	美联储	时期	欧洲中央银行	美联储
工业产出	0	−0.1411	0.0371	6	0.054	0.013
	1	−0.2375	−0.0351	12	0.064	0.058
	6	−0.2573	0.1120	18	0.058	0.131
	12	−0.0114	0.2322	24	0.051	0.163
	累积	−2.2952	1.0828	30	0.050	0.166
CPI	0	−0.0187	0.0034	6	0.021	0.006
	1	−0.0164	0.0271	12	0.012	0.007
	6	−0.0138	−0.0124	18	0.017	0.017
	12	0.0206	0.0355	24	0.025	0.020
	累积	−0.1461	0.1748	30	0.028	0.020

变量	时期	欧洲中央银行	美联储	时期	欧洲中央银行	美联储
贸易总额	0	0.0066	0.0002	6	0.044	0.083
	1	− 0.0114	0.0010	12	0.048	0.121
	6	0.0018	0.0024	18	0.048	0.123
	12	0.0009	0.0004	24	0.048	0.123
	累积	0.0003	0.0083	30	0.048	0.123
有效汇率	0	− 0.0001	− 0.0007	6	0.037	0.041
	1	0.0015	− 0.0014	12	0.041	0.049
	6	− 0.0004	0.0001	18	0.041	0.050
	12	− 0.0001	− 0.0001	24	0.041	0.050
	累积	0.0022	− 0.0062	30	0.041	0.050
股市指数	0	− 0.0012	0.0081	6	0.018	0.096
	1	− 0.0006	0.0010	12	0.019	0.108
	6	− 0.0002	− 0.0033	18	0.019	0.108
	12	0.0000	0.0003	24	0.019	0.108
	累积	− 0.0072	0.0101	30	0.019	0.108

注：左边为脉冲响应函数，右边为方差分解结果，累积表示 0～12 期的累积脉冲响应函数。

脉冲响应函数显示：欧洲中央银行购债规模的增加对本土工业产出、CPI 和股市指数均产生不同程度的负向累积冲击，对贸易总额、有效汇率的累积冲击为正，即欧洲中央银行资产负债表政策没有有效实现提振经济、缓解通缩的最终目标，但对贸易活动有一定的作用。比较而言，美联储购债规模的增加能有效刺激工业产出增长，推动贸易和股市走出低迷，同时导致有效汇率下降，美元贬值，提升通货膨胀预期。因此，从实施角度看，美联储资产负债表政策的有效性强于欧洲中央银行。由方差分解结果可知，欧洲中央银行政策主要影响的是工业产出、贸易总额和有效汇率，美联储政策对工业产出、贸易总额和股市指数波动的贡献度较大，且欧洲中央银行政策的解释能力远小于美联储。

3. 对发达与发展中经济体的影响

欧洲中央银行和美联储资产负债表政策的国际经济效应在不同类型

经济体之间存在哪些差异？这一部分首先将 25 个样本经济体按照发展程度划分为前文提及的 13 个发达经济体和 12 个发展中经济体，在此基础上将金砖国家，即中国、俄罗斯、印度、巴西和南非作为新兴市场经济体的代表进行针对性分析。以下依次展示了欧洲中央银行与美联储资产负债表政策对发达经济体、发展中经济体、金砖国家的脉冲响应函数和方差分解结果，如表 4.4、表 4.5 和表 4.6 所示。

表 4.4　　　　基于发达经济体的脉冲响应函数和方差分解结果

变量	时期	欧洲中央银行	美联储	时期	欧洲中央银行	美联储
工业产出	0	0.1363	0.0081	6	0.002	0.001
	1	− 0.0396	0.0466	12	0.003	0.023
	6	− 0.1367	0.2787	18	0.003	0.036
	12	− 0.0369	0.3716	24	0.003	0.039
	累积	− 0.7175	2.9108	30	0.003	0.040
CPI	0	− 0.0223	0.0003	6	0.003	0.008
	1	− 0.0010	0.0089	12	0.002	0.009
	6	− 0.0101	− 0.0006	18	0.002	0.019
	12	− 0.0019	0.0459	24	0.002	0.027
	累积	− 0.1480	0.0576	30	0.002	0.033
贸易总额	0	0.0063	0.0010	6	0.028	0.021
	1	− 0.0090	0.0027	12	0.030	0.026
	6	0.0023	0.0044	18	0.030	0.026
	12	0.0005	0.0007	24	0.030	0.026
	累积	0.0009	0.0200	30	0.030	0.026
有效汇率	0	0.0002	− 0.0003	6	0.002	0.005
	1	0.0000	0.0004	12	0.002	0.005
	6	0.0000	0.0001	18	0.002	0.006
	12	0.0000	0.0001	24	0.002	0.006
	累积	0.0011	0.0023	30	0.002	0.006

续表

变量	时期	欧洲中央银行	美联储	时期	欧洲中央银行	美联储
股市指数	0	0.0018	0.0058	6	0.021	0.057
	1	−0.0032	0.0062	12	0.021	0.058
	6	−0.0002	−0.0009	18	0.021	0.058
	12	−0.0001	−0.0002	24	0.021	0.058
	累积	−0.0091	0.0187	30	0.021	0.058

注：左边为脉冲响应函数，右边为方差分解结果，累积表示0~12期的累积脉冲响应函数。

对比表4.4和表4.5的脉冲响应函数可以看出，欧洲中央银行与美联储政策对发达经济体和发展中经济体工业产出和股市指数的冲击具有相似性，对 CPI、贸易总额和有效汇率的冲击表现出差异。从脉冲响应值的符号可知，国际市场对于美联储政策释放信号的响应更加符合一般的货币政策传导机制。基于脉冲响应值的绝对值进行分析，发现两大中央银行资产负债表政策对发展中经济体的影响强于发达经济体；另外，美联储的累积脉冲响应结果普遍大于欧洲中央银行，表明美联储资产负债表政策对国际市场的冲击更加显著。

表4.5　　基于发展中经济体的脉冲响应函数和方差分解结果

变量	时期	欧洲中央银行	美联储	时期	欧洲中央银行	美联储
工业产出	0	−0.0677	0.0012	6	0.004	0.002
	1	−0.2472	−0.2259	12	0.003	0.013
	6	−0.1175	0.1948	18	0.003	0.027
	12	0.0365	0.4232	24	0.002	0.032
	累积	−1.0572	1.6338	30	0.002	0.030
CPI	0	−0.0056	−0.0771	6	0.000	0.029
	1	0.0120	−0.1194	12	0.000	0.022
	6	−0.0094	−0.2329	18	0.000	0.018
	12	0.0271	−0.2744	24	0.000	0.016
	累积	−0.0116	−2.9967	30	0.000	0.014

续表

变量	时期	欧洲中央银行	美联储	时期	欧洲中央银行	美联储
贸易总额	0	0.0046	0.0041	6	0.027	0.024
	1	-0.0122	-0.0017	12	0.026	0.029
	6	0.0007	0.0051	18	0.025	0.030
	12	0.0000	0.0016	24	0.023	0.029
	累积	-0.0017	0.0282	30	0.021	0.028
有效汇率	0	-0.0001	0.0013	6	0.010	0.010
	1	-0.0007	0.0018	12	0.010	0.012
	6	0.0002	0.0003	18	0.009	0.013
	12	0.0000	0.0003	24	0.009	0.013
	累积	-0.0020	0.0067	30	0.008	0.013
股市指数	0	0.0040	0.0002	6	0.022	0.041
	1	-0.0041	0.0089	12	0.022	0.041
	6	0.0006	0.0009	18	0.022	0.041
	12	0.0001	0.0002	24	0.022	0.041
	累积	-0.0059	0.0277	30	0.022	0.040

注：左边为脉冲响应函数，右边为方差分解结果，累积表示 0～12 期的累积脉冲响应函数。

综合表 4.4 和表 4.5 方差分解结果可知，欧洲中央银行与美联储资产负债表政策对发达经济体、发展中经济体各经济变量波动的解释能力比较一致，其中欧洲中央银行政策主要影响贸易总额和股市指数，美联储政策主要影响 CPI、贸易总额和股市指数，这说明两大中央银行政策在不同发展程度经济体之间均产生了较为广泛的经济影响。

表 4.6　　基于金砖国家的脉冲响应函数和方差分解结果

变量	时期	欧洲中央银行	美联储	时期	欧洲中央银行	美联储
工业产出	0	0.0393	0.0295	6	0.007	0.003
	1	-0.0626	-0.0919	12	0.007	0.051
	6	-0.1797	0.3477	18	0.007	0.086
	12	-0.0355	0.4339	24	0.007	0.099
	累积	-1.2004	2.9235	30	0.007	0.104

续表

变量	时期	欧洲中央银行	美联储	时期	欧洲中央银行	美联储
CPI	0	− 0. 0074	0. 0330	6	0. 002	0. 003
	1	0. 0113	0. 0351	12	0. 014	0. 005
	6	− 0. 0848	0. 0603	18	0. 022	0. 006
	12	− 0. 1188	0. 0458	24	0. 026	0. 007
	累积	− 0. 8848	0. 5273	30	0. 028	0. 009
贸易总额	0	0. 0045	0. 0069	6	0. 037	0. 022
	1	− 0. 0168	− 0. 0023	12	0. 039	0. 027
	6	0. 0005	0. 0055	18	0. 039	0. 028
	12	0. 0000	0. 0015	24	0. 039	0. 028
	累积	− 0. 0052	0. 0328	30	0. 039	0. 028
有效汇率	0	0. 0002	0. 0006	6	0. 014	0. 010
	1	− 0. 0005	0. 0014	12	0. 014	0. 012
	6	0. 0005	0. 0002	18	0. 014	0. 012
	12	0. 0000	0. 0000	24	0. 014	0. 012
	累积	− 0. 0019	0. 0067	30	0. 014	0. 012
股市指数	0	0. 0044	0. 0048	6	0. 028	0. 037
	1	− 0. 0041	0. 0073	12	0. 028	0. 038
	6	0. 0008	0. 0007	18	0. 028	0. 038
	12	0. 0004	− 0. 0003	24	0. 028	0. 038
	累积	− 0. 0077	0. 0231	30	0. 028	0. 038

注：左边为脉冲响应函数，右边为方差分解结果，累积表示 0 ~ 12 期的累积脉冲响应函数。

表 4.6 的脉冲响应函数显示，两大中央银行资产负债表政策的作用方向具有很大的差异性，表现为美联储政策能够刺激金砖国家的工业产出、贸易总额和股市指数，同时也会使金砖国家面临输入性通货膨胀和货币升值的外在压力，欧洲中央银行的影响则正好相反。从累积脉冲响应函数的绝对值来看，美联储政策对金砖国家的经济影响整体强于欧洲中央银行政策。方差分解方面，可以看出资产负债表政策对金砖国家贸易总额和股市指数波动的解释能力较大，与前文结论一致。

4. 对不同汇率制度经济体的影响

这一部分我们依据汇率制度的不同对样本经济体进行分类。根据国际货币基金组织《2018 年汇兑安排与汇兑限制年报》，中国、中国香港、马来西亚和新加坡 4 个经济体为钉住汇率制度经济体，其余 21 个经济体为浮动汇率制度经济体，相关实证结果如表 4.7 和表 4.8 所示。

表 4.7　基于浮动汇率制度经济体的脉冲响应函数和方差分解结果

变量	时期	欧洲中央银行	美联储	时期	欧洲中央银行	美联储
工业产出	0	−0.0663	0.0056	6	0.003	0.002
	1	−0.1637	−0.1734	12	0.003	0.012
	6	−0.1123	0.1398	18	0.002	0.026
	12	0.0283	0.3800	24	0.002	0.030
	累积	−0.8969	1.4546	30	0.001	0.028
CPI	0	−0.0108	−0.0732	6	0.000	0.028
	1	0.0090	−0.1027	12	0.000	0.019
	6	0.0023	−0.1832	18	0.000	0.015
	12	0.0359	−0.2080	24	0.001	0.012
	累积	0.0764	−2.3293	30	0.001	0.011
贸易总额	0	0.0042	0.0048	6	0.022	0.026
	1	−0.0093	−0.0020	12	0.022	0.031
	6	0.0009	0.0048	18	0.021	0.031
	12	0.0000	0.0013	24	0.019	0.030
	累积	−0.0018	0.0250	30	0.017	0.029
有效汇率	0	0.0002	0.0009	6	0.004	0.013
	1	−0.0002	0.0016	12	0.004	0.014
	6	0.0001	0.0002	18	0.004	0.014
	12	0.0000	0.0002	24	0.003	0.014
	累积	−0.0001	0.0064	30	0.003	0.014

续表

变量	时期	欧洲中央银行	美联储	时期	欧洲中央银行	美联储
股市指数	0	0.0024	0.0025	6	0.021	0.047
	1	− 0.0035	0.0084	12	0.021	0.047
	6	0.0004	0.0001	18	0.021	0.047
	12	0.0000	0.0001	24	0.021	0.047
	累积	− 0.0069	0.0239	30	0.021	0.047

注：左边为脉冲响应函数，右边为方差分解结果，累积表示 0～12 期的累积脉冲响应函数。

对比脉冲响应函数可知，两大中央银行资产负债表政策主要影响不同汇率制度经济体的工业产出和物价水平，其中浮动汇率制度经济体的物价水平和钉住汇率制度经济体的工业产出面对冲击的响应力度更加显著。依据脉冲响应值的绝对值可以发现，美联储政策的冲击力度较欧洲中央银行更大。资产负债表政策对两种汇率制度经济体冲击的差异主要体现在有效汇率方面，表现为钉住汇率制度经济体的汇率水平在资产负债表政策实施时下降，即面临货币贬值压力，这一结果与汇率制度直接相关。

表4.8　基于钉住汇率制度经济体的脉冲响应函数和方差分解结果

变量	时期	欧洲中央银行	美联储	时期	欧洲中央银行	美联储
工业产出	0	0.5867	− 0.1121	6	0.008	0.006
	1	− 0.0173	0.2552	12	0.008	0.035
	6	− 0.1845	0.3926	18	0.009	0.053
	12	− 0.1147	0.5243	24	0.009	0.060
	累积	− 0.3612	4.6496	30	0.009	0.061
CPI	0	− 0.0415	0.0061	6	0.003	0.017
	1	− 0.0234	0.0274	12	0.002	0.013
	6	− 0.0052	− 0.0265	18	0.002	0.023
	12	− 0.0119	0.0642	24	0.002	0.036
	累积	− 0.2365	− 0.0732	30	0.003	0.045

续表

变量	时期	欧洲中央银行	美联储	时期	欧洲中央银行	美联储
贸易总额	0	0.0124	− 0.0044	6	0.049	0.037
	1	− 0.0177	0.0114	12	0.051	0.040
	6	0.0033	0.0038	18	0.051	0.041
	12	0.0011	0.0014	24	0.051	0.041
	累积	0.0021	0.0275	30	0.051	0.041
有效汇率	0	0.0000	− 0.0003	6	0.006	0.016
	1	− 0.0008	− 0.0005	12	0.006	0.017
	6	0.0000	0.0001	18	0.006	0.018
	12	0.0000	0.0001	24	0.006	0.019
	累积	− 0.0013	− 0.0017	30	0.006	0.019
股市指数	0	0.0063	0.0048	6	0.040	0.059
	1	− 0.0050	0.0058	12	0.041	0.061
	6	− 0.0011	− 0.0006	18	0.041	0.061
	12	− 0.0002	− 0.0001	24	0.041	0.061
	累积	− 0.0108	0.0251	30	0.041	0.061

注：左边为脉冲响应函数，右边为方差分解结果，累积表示 0~12 期的累积脉冲响应函数。

综合表4.7和表4.8方差分解结果可知，欧洲中央银行和美联储资产负债表政策对钉住汇率制度经济体相关变量冲击的贡献度普遍强于浮动汇率制度经济体。比较而言，美联储政策对不同汇率制度经济体相关变量变动的解释能力强于欧洲中央银行。

5. 对中国的影响

欧洲中央银行与美联储资产负债表政策对中国产生怎样的经济影响？这里采用滞后5阶的 VAR 模型进行实证研究，相关结果如表4.9所示。

表4.9　欧洲中央银行与美联储资产负债表政策对中国经济的影响

变量	时期	欧洲中央银行	美联储	时期	欧洲中央银行	美联储
工业产出	0	0.5567	0.5265	6	0.038	0.123
	1	0.0005	0.1341	12	0.047	0.303
	6	0.1700	0.6629	18	0.060	0.378
	12	0.2225	0.6082	24	0.068	0.410
	累积	2.3820	6.9847	30	0.071	0.424
CPI	0	−0.0652	−0.0293	6	0.042	0.005
	1	−0.0200	0.0309	12	0.046	0.017
	6	−0.0921	0.0072	18	0.042	0.071
	12	−0.0131	0.0967	24	0.045	0.127
	累积	−0.7805	0.4185	30	0.050	0.161
贸易总额	0	0.0121	0.0049	6	0.070	0.005
	1	−0.0280	0.0058	12	0.074	0.008
	6	0.0099	−0.0004	18	0.075	0.008
	12	0.0025	0.0024	24	0.075	0.009
	累积	0.0082	0.0260	30	0.075	0.009
有效汇率	0	−0.0003	0.0002	6	0.026	0.022
	1	0.0003	−0.0006	12	0.043	0.026
	6	−0.0013	−0.0001	18	0.044	0.030
	12	0.0000	0.0002	24	0.044	0.032
	累积	−0.0040	−0.0017	30	0.045	0.033
股市指数	0	0.0008	0.0087	6	0.038	0.086
	1	−0.0054	−0.0037	12	0.040	0.085
	6	−0.0008	−0.0011	18	0.040	0.086
	12	0.0007	−0.0014	24	0.040	0.087
	累积	−0.0242	0.0033	30	0.040	0.088

注：左边为脉冲响应函数，右边为方差分解结果，累积表示0~12期的累积脉冲响应函数。

由脉冲响应函数可以看出，欧洲中央银行购债规模增加对中国工业产出和贸易有不同程度的正向刺激作用，同时也可能增加通货紧缩压力、货币有效汇率走弱和股市低迷等负面影响。与欧洲中央银行政策相比，美联储扩大购债规模主要在影响中国 CPI 方面和股市指数方面表现不同，具有一定的输入性通货膨胀效应和刺激股市作用。比较而言，美联储资产负债表政策对中国的经济影响更加符合货币政策传导机制和市场预期。从方差分解结果来看，不论是欧洲中央银行还是美联储，其资产负债表政策对中国各经济变量波动均具有较强的解释能力或贡献度。具体地，一方面，欧洲中央银行购债规模增加对工业产出和贸易总额波动的贡献度较大，第 30 期分别为 7.1% 和 7.5%，随后是 *CPI*、有效汇率和股市指数；美联储购债规模增加对工业产出和 *CPI* 的贡献度十分显著，第 30 期分别达到 42.4% 和 16.1%，其次是股市指数，为 8.8%。综合以上分析可知，欧洲中央银行与美联储资产负债表政策对中国经济均具有较强的溢出效应，其中工业产出、物价和贸易渠道等是主要的影响路径。

（四）研究结论

本章综合运用 PVAR 模型和 VAR 模型，系统研究了欧洲中央银行与美联储资产负债表政策的国际经济效应，重点围绕资产负债表政策的有效性、对不同类型经济体经济影响的差异及对中国经济的溢出效应展开，主要结论如下：

第一，对于全样本经济体，整体而言，美联储资产负债表政策的全球经济效应更加显著，且其对相关变量波动的解释能力强于欧洲中央银行。从本土经济效应看，美联储资产负债表政策实施的有效性强于欧洲中央银行，后者没有有效实现提振经济和缓解通货紧缩的政策目标。

第二，对于不同类型的经济体，资产负债表政策的经济效应既有共同特征，也存在一些差异。对于发达经济体和发展中经济体，美联储货币政策的影响相较于欧洲中央银行更加显著；两大中央银行资产负债表政策对发展中经济体的影响强于发达经济体。对于浮动汇率制度经济体和钉住汇率制度经济体，两大中央银行资产负债表政策主要影响其工业产出和物价水平，其中浮动汇率制度经济体的物价水平和钉住汇率制度经济体的工业产出面对冲击的响应力度更加显著；整体上，两大中央银行资产负债表政策均会对钉住汇率制度经济体产生更加广泛的经济影响。对于金砖国家，美联储政策对其经济溢出效应整体强于欧洲中央银行政策。

第三，对中国而言，欧洲中央银行与美联储资产负债表政策会不同程度刺激中国的工业产出和贸易活动，同时造成货币有效汇率走弱；从政策的解释能力来说，工业产出、物价水平和贸易渠道是两大中央银行资产负债表政策影响中国宏观经济的主要方面。

五、资产负债表政策国际溢出效应对我国的启示

基于本章的研究结论，可以得到以下启示。

（一）需要更加注重内涵式发展和高质量发展

欧洲中央银行与美联储资产负债表政策对我国的工业产出和相关经济活动的影响比较显著，一定程度上反映出中国经济需要更加注重内涵式发展和高质量发展，以提高经济的韧性和竞争力。

（二）需要适当调整对外贸易结构

对外贸易是资产负债表政策作用于我国宏观经济的重要通道，在贸易保护主义抬头、主要经济体货币政策不同步的背景下，有效避免贸易摩擦和货币政策溢出效应相互叠加的多重影响是当务之急，因此需要适当调整对外贸易结构，实施高水平贸易与投资自由化便利化政策，降低对单一国家或地区贸易的依赖程度。

（三）需要注意防范"明斯基时刻"

要注意防范"明斯基时刻"，避免资产价格的大幅波动或崩溃。由于物价水平、实际有效汇率和股市指数均与资产价格存在直接联系，因此需要密切关注和警惕资产负债表政策对这些指标产生的溢出效应。

（四）需要加强国际宏观经济政策的协调

要注意加强国家或地区之间的政策联动，不仅包括货币政策，也包括财政政策、贸易政策等，以趋利避害，放大正面溢出效应，减少负面外部影响，从而为新时代中国经济高质量发展创造有利的外部环境。

第五章

国际金融危机背景下中央银行资产负债表
政策的分配效应

过去三十多年来，主要经济体收入和财富分配的差距一直在扩大。但此次国际金融危机爆发前，中央银行对货币政策的分配效应，常常显示出善意忽略。此次国际金融危机爆发后，伴随着主要经济体一系列资产负债表政策的实施，货币政策是否以及通过何种途径影响收入和财富的分配，引起了学界和业界的广泛关注。本章分析了货币政策与收入和财富分配之间相互影响的渠道，以美联储和欧洲中央银行为研究对象，分析了其资产负债表政策的收入分配效应和财富分配效应。

一、文献综述

（一）关于资产负债表政策收入分配效应的文献

量化宽松等资产负债表政策对收入分配不平等的影响，目前研究的结论并不一致。基于不同的作用渠道，存在两种相互矛盾的结果。一是劳动收入异质性渠道，认为量化宽松通过刺激经济活动，增加就业和工资增长，有利于降低收入分配不平等。Montecino 和 Epstein（2015）将这一效应与使贫困家庭广泛受益的就业状况改善联系在一起。另外，更高的工资有利于贫困家庭和中产家庭，因为相比富人，他们对劳动收入的变化更敏感。Bivens（2015）针对美国、Casiraghi 等（2018）针对意大利和 Guerello（2018）针对欧元区的研究都支持这一渠道。二是收入组成渠道，认为量化宽松通过提高资产价格、增加富人资本收益，会加剧收入分配不平等。Saiki 和 Frost（2014）针对日本、Montecino 和 Epstein（2015）针对美国和 Mumtaz 以及 Theophilopoulou（2017）针对英国的实证研究都证实了这一点。

劳动收入异质性渠道和收入组成渠道的相对效应决定了非常规资产负债表政策对收入分配的总体影响。例如，Montecino 和 Epstein（2015）发现，尽管美国量化宽松带来的就业增加降低了收入不平等，但其效应要小于股票价格上涨带来的不平等上升效应。与此相反，Casiraghi 等（2018）对意大利的研究表明，量化宽松带来的经济增长和就业增加产生的分配效应使较贫困家庭受益更多，超过了资产价格上涨带来的不平等加剧效应。不同于 Saiki 和 Frost（2014）的研究结论，Inui 等（2017）利用日本家庭的微观数据研究发现，自 2000 年以来非常规货币政策的分配效应不显著，认为这可能是由于劳动收入不平等的变化与经济条件的变化有关，如劳动力市场更加灵活和对临时用工的需求增加。因此，就业增加导致的劳动收入不平等下降，抵消了劳动收入异质性导致的不平等增加。

上述分析表明，针对非常规资产负债表政策对收入分配不平等影响的实证研究，结论并不一致。非常规资产负债表政策分配效应的大小取决于所研究的分配渠道、一国的经济结构和家庭收入特征等因素。

（二）关于资产负债表政策财富分配效应的文献

货币政策通过通货膨胀、储蓄再分配和资产组合组成等渠道影响财富分配。常规货币政策财富分配效应的文献主要是研究通货膨胀渠道，认为预料之外的通货膨胀会将财富从贷款人再分配给借款人。一些文献研究了这一渠道，发现扩张性的货币政策降低了财富分配不平等。

Doepke 和 Schneider（2006）及 Adam 和 Zhu（2016）认为，预料之外的通货膨胀，有利于年轻的中等收入家庭，他们是拥有抵押贷款债务的净借款人；但伤害了年老的富裕家庭，他们是拥有大量储蓄的净贷款人，其投资对象主要是长期债券。由于储蓄价值的降低，导致富人净财富下降；但低利率和高通货膨胀导致的负债减少，会让中低收入家庭受益。

一些研究认为，非常规资产负债表政策主要通过资产组合组成渠道影响财富分配。具体而言，它影响资产价格，并通过资产价格影响家庭拥有的金融资产和房产资产的价值。资产价格变化的财富效应是货币政策传导的重要渠道。由于家庭和金融机构资产组合的调整，非常规货币政策比常规货币政策具有更强的财富效应（Adam 和 Tzamourani，2016；Domanski 等，2016）。

然而，也有一些研究资产组合组成渠道的文献表明，非常规资产负债表政策通过资产价格对财富分配不平等的影响可以忽略不计（Adam 和 Tzamourani，2016；Bivens，2015）。这些文献分析了股票、债券和房产的价格，发现不同的资产价格具有相互抵消的分配效应。更高的房价通常会降低财富分配不平等，而更高的股票和债券价格往往会增加财富分配不平等，因此非常规资产负债表政策的整体分配效应是模糊的。Casiraghi 等（2018）研究发现，由于金融资产的资本利得，富裕家庭从非常规货币政策中获益更多。由于负债减少，贫困家庭的状况也得到了改善。Inui 等（2017）认为，由于资产组合组成渠道和储蓄再分配渠道的相互抵消，扩张性货币政策（无论是常规货币政策还是非常规货币政策）对日本财富分配的总体效应并不显著。一方面，较高的资产价格对拥有大量金融资产的富裕家庭有利；另一方面，较低的利率会导致这些富裕家庭的储蓄贬值。

大多数实证研究表明，货币政策对财富分配的影响取决于资产价格和利率对货币政策冲击反应的强度和方向，以及不同金融资产在家庭资产组合组成中的比率。当各种力量推动不平等朝相反方向变化时，总体分配效应很小或不显著。但也有证据表明，中央银行大规模资产购买，以及由此导致的资产价格上升，加剧了发达国家的财富不平等（Domanski 等，2016）。

资产价格对财富分配的影响，取决于家庭资产和负债的构成、规模和分布（O'farrell 等，2016）。金融资产通常集中于财富分布的高端家庭，这些家庭从债券和股票价格的上涨中获益最多。同时，住房拥有率的分布更为平等，中高收入家庭从房价上涨中获益更多（Adam 和 Tzamourani，2016）。考虑到这个社会群体在人口中所占的比例较大，高房价可能会降低财富不平等。因此，要了解资产组合组成渠道的作用机制，需要研究不同国家的家庭财富及其分布特征。

此外，财富分配对不同资产价格变化的敏感性不同。此次国际金融危机以来，股票价格和房价被认为是财富不平等的主要驱动因素（Domanski 等，2016），而债券价格的影响较小或不显著（Adam 和 Tzamourani，2016；Domanski 等，2016）。更高的房价对降低财富不平等有强烈的影响，因为它有利于更多的家庭，而股票价格有小到中等程度的加剧不平等效应，因为资本利得只对处于财富分布顶端的家庭有贡献（Bivens，2015；Lenza Slacarek，2018）。

二、分配差距扩大、债务市场不平衡累积和金融危机

自 20 世纪 80 年代初以来，很多发达经济体收入和财富的不平等一直在上升（Piketty，2014；Atkinson，2014）。2014 年，OECD 国家可支配收入的平均基尼系数为 0.318，达到了 20 世纪 80 年代中期以来的最高值（OECD，2016）。近年来的经济复苏，并未扭转过去几十年观察到的不平等加剧趋势。财富不平等通常会高于收入不平等，在 OECD 国家财富分配最底端的 60% 仅持有总净财富的非常有限的一部分，而平均来看，最顶端的 10% 持有的财富占总财富的 50% 以上（Murtin and d'Ercole，2015）。

（一）分配差距扩大与债务泡沫

尽管一定程度的不平等通过强化工作和投资的激励可以促进经济增长，但近年来的研究表明，不平等与中期内经济的低速增长有关（Ostry 等，2014）。长期内，不平等的加剧也可能引发政治不稳定，导致贸易保护主义压力，限制经济从全球化中获益的能力（Dabla - Norris 等，2015）。另外，收入不平等可能会限制贫困居民投资教育和创业活动的机会，从根本上破坏潜在的经济增长（Jaumotte 和 Osorio Buitron，2015）。

收入和财富不平等是否会导致金融危机，取决于与此相伴随的债务

市场不平衡的累积。有观点认为，更大的收入不平等会导致更高的家庭负债，助长资产市场泡沫，并引发金融不稳定（Kirschenmannet 等，2016）。总体上讲，当收入大量地被富有家庭获得时，不平等会上升。基于两个方面的原因，这将会导致更高的家庭债务。一方面，由于贫困家庭希望在实际收入停滞不前或下降的背景下保持正常的社会消费水平，导致其信贷需求上升；另一方面，随着富有家庭将其额外收入的一部分用于提供新的贷款，导致信贷的供给增加。贫困家庭对信贷的更高需求，加之富有家庭更高的信贷供给，导致总体债务规模的上升。低利率环境将会加剧这一供给效应，因为富有家庭在低利率背景下更有可能寻求收益率，即使贫困家庭金融状况恶化，也愿意贷款给贫困家庭。这将会导致更高的债务和更大的风险承担，最终会弱化金融体系的弹性。

Perrugini 等（2016）[1] 针对不平等与债务增长之间的关系进行了实证研究。运用 18 个 OECD 国家 1997—2007 年的面板数据，他们的研究发现，当其他的传统变量被控制时，更高的不平等与私人部门的债务之间是正相关的，其研究也证实了之前其他研究的结论——不平等与债务增长之间存在正相关关系。

（二）分配差距扩大与金融危机

分配差距扩大会导致金融危机，这一观点已经被很多经济学家所强调。他们指出了发挥作用的两个方面：一方面，贫困家庭由于收入的停滞不前导致对债务的需求不断上升；另一方面，富有家庭由于收入上升进而带来储蓄供给的增加。这两个方面综合在一起，可能会导致债务市场出现泡沫，泡沫的最终破灭会导致金融不稳定。上述分析表明，分配差距扩大、债务市场不平衡累积和金融危机之间存在密切的联系。如果得到实证研究证实，分配差距扩大可能是金融体系弱化的早期信号，中央银行和金融监管者对此不应忽视。

---

① PERUGINI, C., J. Hölscher and S. COLLIE Inequality, Credit and Financial Crises ［J］. Cambridge Journal of Economics，2016，40（1）：227 – 257.

如果不平等会推高债务，债务的迅速增长会弱化金融体系的弹性，那么不平等可以作为金融危机的早期预警信号。Kirschenmann 等（2016）运用 14 个发达国家 1870—2008 年的数据，对这一假设进行了实证研究。研究发现，在其所考察的各种变量中，收入的不平等对于金融危机具有最强的预测能力，特别是在显著性水平上。而包括银行贷款水平在内的其他传统早期预警指标，在将不平等纳入分析后，其作用显著下降。Hauner（2017）[①] 发现，对于美国和英国，其财富不平等对金融危机也具有类似的预测能力。Rajan（2010）[②] 认为，较高的不平等程度，导致居民依赖债务融资来维持其生活水平，是危机前美国房地产泡沫的重要推动因素，最终导致了国际金融危机的爆发。

三、货币政策影响收入与财富分配的主要渠道

近年来，学者们从多个不同的角度对货币政策影响收入和财富分配的潜在渠道进行了研究。需要特别指出的是，非常规资产负债表政策与常规货币政策影响收入和财富分配的渠道是相似的，但两者对不同渠道的作用强度是不同的，导致最终整体分配效应也是有差异的。

（一）收入组成渠道

居民的收入来源主要包括劳动收入、营业收入、金融收入和转移收入，不同渠道的收入对货币政策变化的反应不尽相同。低收入家庭往往更依赖转移支付，而中等收入家庭更依赖劳动收入，那些处于收入分配顶端的家庭则相对更依赖营业收入和资本收入。一方面，扩张性货币政策导致企业利润和资产价格相对工资有更大幅度的上升，将导致不平等的扩大；另一方面，扩张性货币政策带来的利率下降，会降低金融资产持有者的利息收入，而金融资产的持有者通常更为富有，这将会降低不平等。因此，

---

① HAUNER, T. Aggregate Wealth and Its Distribution as Determinant of Financial Crises [R]. Unpublished Paper. New York: City University of New York, 2016.

② RAJAN, R. Fault Lines: How Hidden Fractures Still Threaten the World Economy [M]. Princeton, NJ: Princeton University Press, 2019.

扩张性货币政策通过收入组成渠道，对不平等的效应并不明确。

（二）金融分割渠道

货币供给的增加将会导致财富再分配给那些与金融市场联系最为紧密的经济主体。相对那些较少参与金融市场的贫困家庭，富有家庭参与金融市场更为活跃和频繁，与金融市场的联系通常更为紧密，因而可获得更多的金融收入，意味着扩张性货币政策将导致不平等上升。

（三）资产组合组成渠道

收入的再分配与家庭持有资产的结构密切相关。比较而言，低收入家庭通常持有更多的现金，而高收入家庭则持有更多的证券。现金不仅没有任何利息收入，其实际价值还会随着通货膨胀的上升而下降。因此，扩张性货币政策导致的通货膨胀和资产价格上升，有利于高收入家庭而不利于低收入家庭，将导致不平等的上升。

通过提高金融资产价格，利率下降也可能通过资产组合组成的差异影响家庭资产负债表（Coibon 等，2017；Inui 等，2017）。更高的股票价格导致的资本利得将有利于拥有大多数金融资产的高收入家庭，这将会增加财富不平等。同时，房价上涨会增加房地产资产的价值，如果房屋所有权在人口中分布广泛，那么将会产生平等效应；而一旦房屋所有权集中在财富分布的顶端，则会加剧财富不平等。

（四）储蓄再分配渠道

储蓄再分配渠道研究预料之外通货膨胀的分配效应。如果通货膨胀比预期的要高，将会降低名义资产和负债的实际价值，有利于借款者而不利于储蓄者。由于储蓄者比借款者通常更为富有，意味着预料之外的通货膨胀会降低不平等。Doepke 和 Schneider（2006）衡量了不同通货膨胀情景下美国不同部门和家庭资产负债表的敞口。他们发现，通货膨胀的分配效应不仅取决于资产和负债的规模，还取决于资产和负债的期限结构。他们认为，相对其他群体，通货膨胀对富裕家庭的伤害更大，因为富裕家庭相比贫困和中等收入家庭持有更多的长期债券。然而，

Erosa 和 Ventura（2002）认为，与富裕家庭相比，贫困家庭在其持有的金融资产中现金比率较高。因此，通过通货膨胀渠道，贫困家庭要支付相对更高比例的通货膨胀税，因而受通货膨胀的伤害更大。

（五）劳动收入异质性渠道

如果货币政策不能同质地影响所有收入群体的就业状况，它将会导致收入分配的变化。Heathcote 等（2010）[①] 认为，虽然处于分配顶端的家庭所得主要受每小时工资变化的影响，但收入分配底端的家庭主要受工作小时变化和失业率的影响，取决于货币政策对这些不同因素影响程度的不同，将产生再分配收入效应。处于分配底端的贫困家庭，其劳动所得受经济周期波动的影响最大。由于扩张性货币政策将会更大比例地降低贫困家庭的失业率，将会降低不平等。Dolado 等（2018）研究资本技能互补性如何与货币政策相互作用，影响高技能工人和低技能工人之间的不平等。他们发现，预料之外的扩张性货币政策冲击，通过降低低技能工人的劳动收入占比，提高高技能工人的劳动收入占比，导致劳动收入不平等上升。

上述五条渠道对分配不平等的作用方向不尽相同。以扩张性货币政策为例，通过收入组成渠道，对不平等的整体效应不明确；通过金融分割渠道和资产组合组成渠道导致不平等的上升，而通过储蓄再分配渠道和劳动收入异质性渠道则会降低不平等。因此，货币政策的分配效应有待实证研究给出进一步的结论。对货币政策分配效应的实证研究，主要面临两方面的挑战：一是如何识别货币冲击与同时存在的其他冲击；二是如何保证收入和财富数据的准确性。

四、收入和财富分配影响货币政策传导的渠道

货币政策是否会显著地影响收入和财富分配，仍然是一个存在争议

---

① HEATHCOTE, J., F. PERRI, and G. L. VIOLANTE. Unequal We Stand: An Empirical Analysis of Economic Inequality in the United States, 1967—2006 [J]. Review of Economic Dynamics, 2010, 13 (1): 15 – 51.

的问题。但是，收入和财富分配差距扩大确实会影响货币政策对总体经济的传导，这一点得到了广泛的认同。收入和财富分配差距扩大主要通过三条渠道影响货币政策传导：

（一）异质的消费倾向

对于货币政策冲击带来的额外收入，居民具有不同的消费倾向。居民的消费倾向越高，货币政策扩张导致的总需求增加就越强劲。如果消费倾向与收入和财富的水平相关，那么居民收入和财富的结构就会在一定程度上决定货币政策对实体经济活动的影响。Auclert（2016）研究利率变化的受益者和受损者异质的边际消费倾向如何影响货币政策冲击对总需求的传导。运用意大利和美国的数据，研究发现，通过异质消费倾向的货币政策再分配渠道与传统的跨期替代渠道得出了相同的结论，即降低利率会增加总需求，但机制却不同。在跨期替代渠道中，这一刺激是通过相对降低当前消费的价格产生的；而在再分配渠道中，这一刺激是通过利率头寸效应使财富发生再分配产生的。

（二）异质的金融市场环境

取决于家庭在金融市场上所面临的再融资和再投资环境，货币政策变化对家庭的影响是不同的。比如，更低的利率会导致贷款人更低的回报和借款人更低的债务负担。理论上，如果所有家庭都面临同样的市场利率，这两种效应整体上将会相互抵消。但是，现实的情况是，贷款人和借款人在市场上可能面对的是不同的再融资或再投资环境，因而利率变化对其影响是不同的。他们对货币政策的反应，取决于其为了从利率变化中获益进行债务周转或投资周转的能力。如果这一能力对于借款者和贷款者是不同的，那么知晓家庭净财富状况对于准确预测货币政策决定对总体经济的影响是非常必要的。Garriga 等（2015）[①] 研究发现，相比固定利率，货币政策在可变抵押贷款利率条件下传导更为强劲，因为

① GARRIGA, C. , F. E. KYDLAND and R. ŠUSTEK. Mortgages and Monetary Policy [R]. Working Paper No. 751. Queen Mary University of London, School of Economics and Finance, 2015.

负债家庭可以对其未清偿债务的支付进行调整。

（三）金融市场的有限参与

货币政策通过金融市场价格的变化（或者利率的变化）影响总需求。家庭会调整其消费和投资方式来适应这些价格的变化，进而对经济产生总的影响。然而，在很多国家，大量家庭对金融市场的参与有限。比如，他们可能只能接触到很有限的金融产品，或者无法经常进行交易以平衡其资产组合。因为这部分家庭无法对资产价格变化作出充分的反应，货币政策决定对其只能产生间接的影响，这会阻碍或者减缓货币政策对经济的传导。有限参与金融市场的人数越多，货币政策传导的有效性就越低。在实践中，对于预测经济对货币政策冲击的直接反应和间接反应，收入和财富的分布是非常重要的。

Gali 等（2004）[①] 率先提出，在新凯恩斯模型中资产市场的有限参与会改变货币政策对总需求的传导，因此最优的货币政策需要作出调整以体现这一事实。Bilbiie（2008）对这一假说进一步研究发现，排除在金融市场之外群体的规模对于决定货币政策对经济影响的规模和方向非常重要。Areosa 和 Areasa（2016）研究发现，家庭异质的劳动生产率及有限的金融市场参与，建立起了不平等与通货膨胀的联系。这些实证研究表明，着眼于控制通货膨胀的中央银行在设计最优的货币政策时，需要考虑不平等。

五、美联储和欧洲中央银行资产负债表政策的收入分配效应

过去三十多年来，主要经济体收入不平等一直在上升。在应对国际金融危机的过程中，美联储和欧洲中央银行实施的资产负债表政策是否会影响收入不平等呢？本部分选择美联储和欧洲中央银行持债规模作为资产负债表政策的度量指标，选择基尼系数作为收入不平等的度量指

---

① GALÍ, J., J. D. LÓPEZ – SALIDO, and J. VALLÉS. Rule – of – thumb consumers and the design of interest rate rules [J]. Journal of Money, Credit and Banking, 2004, 36 (4): 739 – 763.

标，分析美联储和欧洲中央银行资产负债表政策的收入分配效应。基尼系数是衡量一个国家或地区居民收入差距的常用指标，基尼系数介于0~1。基尼系数为0表示完全平等，1则表示完全不平等。主要经济体中央银行资产负债表政策从2008年才开始实施，本部分选区的数据区间是2008—2018年，通过图表来分析美联储和欧洲中央银行资产负债表政策的收入分配效应。

（一）美联储资产负债表政策的收入分配效应

1. 描述性统计分析

美联储持债规模通过美联储持有的国债或抵押贷款证券来度量，取周度数据平均值得到年度数据，美国的基尼系数采用的是美国商务部普查局调查的全部住户收入基尼系数，数据均来源于Wind资讯（见表5.1）。

表5.1　　　　美联储持债和美国基尼系数描述性统计分析

	均值	中间值	最大值	最小值	标准差	偏度	峰度
美联储持债	2933303	3150222	4232016	477024	1358342	−0.554461	1.947461
基尼系数	0.479091	0.48	0.49	0.47	0.007006	0.105842	2.228395

数据分析表明，美联储持债规模在2008年为477024百万美元，国际金融危机爆发后，美联储实施了四轮量化宽松政策，美联储持债规模在2017年达到巅峰，为4232016百亿美元。美联储从2017年11月开始，停止对到期国债和抵押贷款支持证券的再购买，实施渐进式缩减资产负债表。截至2018年末，美联储资产规模距量化宽松结束时已经收缩4063亿美元。2017年的持债规模比2008年多了约37550万亿美元，是2008年持债规模的7.9倍。而相同时期，美国全部住户收入基尼系数的最大值为0.49，最小值为0.47，仅相差0.02，总体变化不大。由此可以推测，美联储扩张性资产负债表政策并没有显著地影响收入分配不平等。

2. 图形分析

从图5.1可知，美国全部住户收入基尼系数并没有随着美联储持债规模的变化而显著变化,说明美联储扩张性资产负债表政策对收入分配效应的影响不显著。资产负债表政策主要是通过宏观经济渠道和金融渠道来影响收入分配。尽管美联储扩张性资产负债表政策提高了股票等金融资产价格,有利于持有较多金融资产的富有居民,通过金融渠道可能会增加收入不平等;但是扩张性资产负债表政策带来的经济复苏和失业率下降,有利于低收入居民,通过宏观经济渠道可能会部分抵消不平等效应。总体上看,美联储扩张性资产负债表政策对收入不平等影响不大。

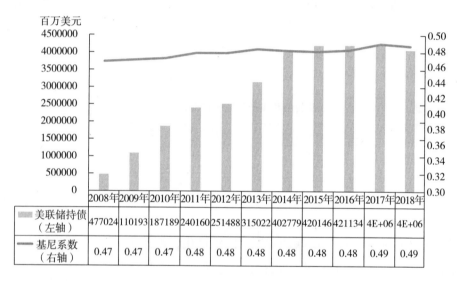

	2008年	2009年	2010年	2011年	2012年	2013年	2014年	2015年	2016年	2017年	2018年
美联储持债 (左轴)	477024	110193	187189	240160	251488	315022	402779	420146	421134	4E+06	4E+06
基尼系数 (右轴)	0.47	0.47	0.47	0.48	0.48	0.48	0.48	0.48	0.48	0.49	0.49

资料来源:根据 Wind 资讯数据整理。

图 5.1　美联储持债规模与美国基尼系数

(二)欧洲中央银行资产负债表政策的收入分配效应

依照经济实力,将欧元区样本国家分为核心国家和外围国家。核心国家是德国、法国、意大利、西班牙。外围国家包括奥地利、比利时、芬兰、爱尔兰、卢森堡、荷兰、葡萄牙、希腊、斯洛文尼亚、斯洛伐克、爱沙尼亚、拉脱维亚、马耳他、塞浦路斯及立陶宛 15 个国家。根据世界银行公布的 2018 年全球 GDP,欧元区核心国家德国、法国、意大利、西班牙的 GDP 分别约为 4.03 万亿美元、2.79 万亿美元、2.09 万亿美元和 1.44 万亿美元。外围国家中 GDP 排在前四位的是荷兰、比利时、奥地利和爱尔兰，其 GDP 分别约为 0.9098 万亿美元、0.536 万亿美元、0.459 万亿美元和 0.366 万亿美元。基于数据的可对比性，本部分选 4 个经济实力较强的外围国家进行分析。

1. 欧洲中央银行资产负债表政策对核心国家的收入分配效应

（1）描述性统计分析

以欧洲中央银行开始采用一些资产负债表政策措施为起点，本部分数据区间为 2009—2018 年。欧洲中央银行持债规模由与货币政策操作相关的对欧元区信用机构的欧元贷款和基于货币政策目的而持有的欧元区欧元证券来度量，取周度数据平均值得到年度数据，欧元区各国的基尼系数由欧盟统计局提供，以上数据均来源于 Wind 资讯（见表 5.2）。

表 5.2　欧洲中央银行持债和欧元区核心国家基尼系数描述性统计分析

	均值	中间值	最大值	最小值	标准差	偏度	峰度
欧洲中央银行持债	1222796	1000816	2792836	690616	686594.7	1.456766	4.038522
德国	0.294444	0.29	0.31	0.28	0.008819	0.176583	2.475765
法国	0.297778	0.3	0.31	0.29	0.008333	0.41295	1.7304
意大利	0.324444	0.32	0.33	0.32	0.00527	0.223607	1.05
西班牙	0.342222	0.34	0.35	0.33	0.006667	-0.209922	2.378906

从表 5.2 可知，西班牙基尼系数均值最大，为 0.34。根据经济合作与发展组织 2015 年的数据，西班牙几乎有 15% 的家庭，其中至少一名成员生活在贫困线以下，这是在发达国家中最高的比例，而同属欧元区核心国家的德国，这个比例不足 5%。西班牙应用经济研究协会指出，截至 2018 年末，西班牙至少有 400 万人生活在贫困线以下。西班牙收入分配不平等可能是因为西班牙工作机会太少，就业创造不够。欧元区核心国家中基尼系数均值最小的是德国，为 0.29，这可能得益于德国完善的养老体系。上述分析表明，核心国家中西班牙的收入分配平均来说最

不平等，德国的收入分配平均来说最平等。

欧洲中央银行为了救助陷入主权债务危机的国家及缓解欧元区经济的下行压力，启用了一系列资产负债表政策措施，持债规模不断上升，2012 年达到 1390170 百万美元，约为 2011 年的 2 倍。由于对通货膨胀率的担忧，2013 年欧洲中央银行暂停了长期再融资操作。随着金融机构陆续对到期资金的偿还，2014 年 9 月末欧洲中央银行资产负债表收缩幅度达到 30%。由于经济再度恶化，为了帮助深陷债务危机的欧元区国家降低借款成本，鼓励欧元区实体经济积极借贷、增加投资，进而提振经济，欧洲中央银行从 2015 年开启大规模资产购买计划，再次扩张资产负债表，持债规模逐渐增加。

（2）图形分析

由图 5.2 可知，核心国家的基尼系数基本上在 0.3 ~ 0.35。随着欧洲中央银行持债规模的变化，核心国家基尼系数变化较小，波动幅度在 0.03 以内。可以初步推断，欧洲中央银行资产负债表政策对核心区国家的收入分配效应没有显著影响。2009 年至 2011 年欧洲中央银行持债规模基本不变，相同时期德国的基尼系数处于平稳状态；欧洲中央银行持债规模在 2012 年大幅度上升之后，2013 年、2014 年逐步下降，德国的基尼系数先减少后增加之后又减少；欧洲中央银行持债规模从 2015 年逐渐增加，德国的基尼系数缓慢下降，这表明欧洲中央银行扩张性的资产负债表政策降低了德国收入不平等。

从图 5.2 还可以看出，法国、意大利、西班牙的基尼系数并不随着欧洲中央银行持债规模的变化而发生有规律的变化，表明欧洲中央银行资产负债表政策对法国、意大利、西班牙的收入不平等影响不大。资产负债表政策主要是通过宏观经济渠道和金融渠道来影响收入分配。就宏观经济渠道而言，扩张性的资产负债表政策会刺激投资，增加就业，增加工资收入，进而降低收入分配不平等；就金融渠道而言，扩张性的资产负债表政策会提高股价和房价，增加股息和租金收入，由于股息和租金收入上升有利于富有居民，会增加收入分配不平等。由于资产负债表政策措施通过宏观经济渠道和金融渠道的作用相互冲抵，使欧洲中央银行扩张性资产负债表政策对这些国家的收入分配影响不大。

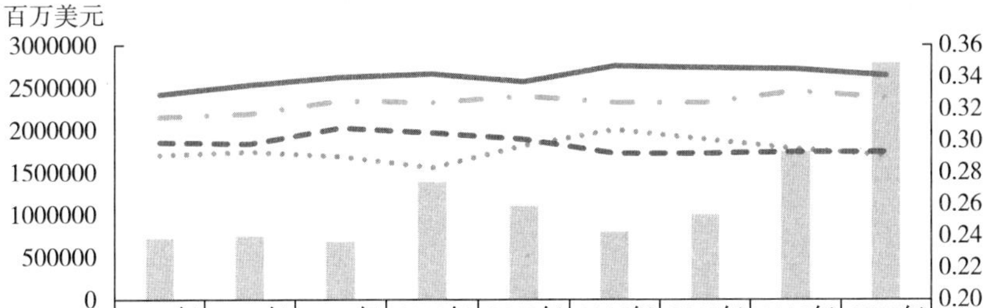

百万美元

	2009年	2010年	2011年	2012年	2013年	2014年	2015年	2016年	2017年
欧洲中央银行持债规模（左轴）	726988	751595	690616	1390170	1103154	795823	1000816	1753165	2792836
德国基尼系数（右轴）	0.29	0.29	0.29	0.28	0.30	0.31	0.30	0.30	0.29
法国基尼系数（右轴）	0.30	0.30	0.31	0.31	0.30	0.29	0.29	0.29	0.29
意大利基尼系数（右轴）	0.32	0.32	0.33	0.32	0.33	0.32	0.32	0.33	0.33
西班牙基尼系数（右轴）	0.33	0.34	0.34	0.34	0.34	0.35	0.35	0.35	0.34

资料来源：根据 Wind 资讯数据整理。

图 5.2　欧洲中央银行持债规模与欧元区核心国家基尼系数

2. 欧洲中央银行资产负债表政策对外围国家的收入分配效应

（1）描述性统计分析

对比表 5.2 和表 5.3 可得，外围国家基尼系数的均值基本上都比核心国家基尼系数小，说明核心国家比外围国家收入分配更不平等。一方面，欧债危机爆发后，欧盟积极推进外围国家进行财政紧缩和结构改革，强化成员国的财政纪律。外围国家扩大出口，缩减进口，增加了收入，进而降低了收入分配不平等；另一方面，外围国家社会福利、税收政策等发挥收入再分配作用，降低了收入分配不平等。

表 5.3　欧洲中央银行持债和欧元区部分外围国家基尼系数描述性统计分析

	均值	中间值	最大值	最小值	标准差	偏度	峰度
欧洲中央银行持债	1222796	1000816	2792836	690616	686594.7	1.456766	4.038522
荷兰	0.262222	0.26	0.27	0.25	0.008333	-0.41295	1.7304
比利时	0.262222	0.26	0.27	0.26	0.00441	1.336306	2.785714
奥地利	0.275556	0.28	0.28	0.27	0.00527	-0.223607	1.05
爱尔兰	0.303333	0.3	0.31	0.29	0.007071	-0.5	2.25

（2）图形分析

比利时、奥地利、爱尔兰和荷兰的基尼系数并未随着欧洲中央银行持债规模的变化而发生有规律的变化，表明欧洲中央银行资产负债表政策对经济实力较强的外围国家的收入不平等没有显著影响。欧元区虽然实施了统一的货币政策，但各国政府的财政政策是相互分离的，财政政策中的转移支付功能会影响收入再分配，进而影响各国的基尼系数。从2008 年至今，欧洲中央银行持债规模经历了扩张—收缩—再扩张的过程，对外围国家收入分配的影响被各国不同的转移支付措施所冲抵，使欧洲中央银行扩张性资产负债表政策对这些外围国家的收入分配影响不大（见图 5.3）。

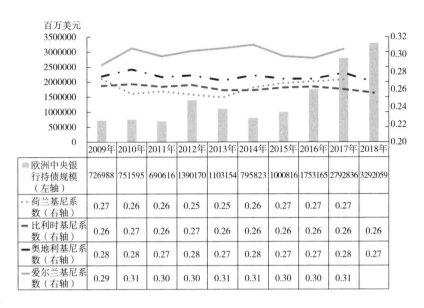

	2009年	2010年	2011年	2012年	2013年	2014年	2015年	2016年	2017年	2018年
欧洲中央银行持债规模（左轴）	726988	751595	690616	1390170	1103154	795823	1000816	1753165	2792836	3292059
荷兰基尼系数（右轴）	0.27	0.26	0.26	0.25	0.25	0.26	0.27	0.27	0.27	
比利时基尼系数（右轴）	0.26	0.27	0.26	0.27	0.26	0.26	0.26	0.26	0.26	0.26
奥地利基尼系数（右轴）	0.28	0.28	0.27	0.28	0.27	0.28	0.27	0.27	0.28	0.27
爱尔兰基尼系数（右轴）	0.29	0.31	0.30	0.30	0.31	0.31	0.30	0.30	0.31	

资料来源：根据 Wind 资讯数据整理。

图 5.3　欧洲中央银行持债规模和欧元区主要外围国家基尼系数

六、美联储和欧洲中央银行资产负债表政策的财富分配效应

（一）研究方法和数据处理

我们通过分析资产价格变动来研究资产负债表政策的财富分配效应。Pierre Monnin（2017）认为家庭财富主要包括存款、债券、股票和房产，从中扣除债务以确定家庭净财富。货币政策通过影响这些不同组成部分的价格来影响家庭财富。货币政策是增加还是减少财富不平等，既取决于它对资产价格的不同影响，也取决于家庭资产负债表的不同结构。Adam 和 Tzamurani（2016）对欧元区资产价格变化的财富分配效应进行了研究，发现债券价格变动不会对不平等产生重大影响。因此，本部分不考虑债券价格变化对财富分配效应的影响；存款利息是反映收入分配效应的，所以不考虑存款对财富分配效应的影响，本部分主要研究股票和房产价格变动对财富分配效应的影响。

1. 研究方法的选择

美国作为全球主要经济体之一，本章采用向量自回归模型（VAR）进行实证研究。从经济含义的角度去解释 VAR 模型中单个参数估计值是很困难的，通常需要对模型进行脉冲响应函数和方差分解分析。本章建立的 VAR 模型如下：

$$Y_t = A_0 + \sum_{p=1}^{n} A_p Y_{t-p} + e_t$$

其中，Y_t 是三变量向量 $\{Debt_t - Fed, Share_t, House_t\}$，$e_t$ 为误差项。模型的自变量为美国实施资产负债表政策（以美联储持债规模 $Debt_t - Fed$ 作为代理指标）。因变量包括美国的股票价格指数（$Share_t$）和实际房价（$House_t$）。

欧元区包含 19 个国家，涉及面板数据处理，本章采用面板向量自回归模型（PVAR）进行实证研究。本章建立的 PVAR 模型如下：

$$Y_{it} = A_0 + \sum_{p=1}^{n} A_p Y_{i,t-p} + \eta_i + e_t$$

其中，Y_{it} 是三变量向量 $\{Debt_t - ECB, Share_{it}, House_{it}\}$，$\eta_i$ 为时间效应，e_t 为误差项。模型的自变量为欧元区开始实施资产负债表政策（以欧洲中央银行持债规模 $Debt_t - ECB$ 作为代理指标）。因变量相应为欧元区各个国家的股票价格指数（$Share_{it}$）和实际房价（$House_{it}$）。

2. 变量的选择

（1）政策变量 $Debt_t - Fed$ 和 $Debt_t - ECB$ 分别指美联储持债规模和欧洲中央银行持债规模，前者由美联储购买的国债或抵押贷款证券构成，后者由和货币政策操作相关的对欧元区信用机构的欧元借款和基于货币政策目的持有的欧元区居民欧元证券构成，均取周度数据平均值得到季度数据。美联储和欧洲中央银行一系列资产负债表政策工具的使用均是进行大规模资产购买，因此持债规模是美联储和欧洲中央银行资产负债表政策的合理测度指标。

（2）股票价格指数 $Share_t$ 是反映财富分配效应的变量之一。由于股票大多持有在最富有居民手中，资产负债表政策通过股票市场渠道将会导致财富不平等的上升。本章选取的股票价格指数是以各国 2015 年为基准年。

（3）实际房价 *House*, 是反映财富分配效应的另一变量。由于普通居民拥有的资产主要是房产，资产负债表政策通过房地产渠道将会降低不平等或保持中性。本章选取的实际房价是以各国 2015 年为基准年，该指标按季节调整后经过各国名义价格和通货膨胀计算而来，能够衡量一国的真实房价波动。

3. 样本的选取

研究样本以美国和欧元区国家为代表。基于数据可获得性，欧元区国家删除马耳他、塞浦路斯、立陶宛三个小国，最终选取 16 个国家。根据世界银行公布的 2018 年全球 GDP 数据，欧元区样本国家 GDP 总量占欧元区 GDP 的 99% 以上，因此样本具有很好的代表性。依照经济实力，将欧元区样本国家分为核心国家和外围国家。核心国家是德国、法国、意大利、西班牙；外围国家包括奥地利、比利时、芬兰、爱尔兰、卢森堡、荷兰、葡萄牙、希腊、斯洛文尼亚、斯洛伐克、爱沙尼亚、拉脱维亚 12 个国家。

4. 数据的收集

以美联储开始采用资产负债表政策措施为起点，由于实际房价只能找到季度数据，本部分使用季度作为数据单位。研究美国选取的数据区间是 2008 年第四季度至 2019 年第二季度，共 43 个季度。2008 年国际金融危机爆发后，欧元区又经历了欧洲主权债务危机，在应对危机的不同阶段，欧洲中央银行采取了不尽相同的资产负债表政策措施。以欧洲中央银行开始采用一些资产负债表政策措施为起点，研究欧元区选取的数据区间是 2009 年第三季度至 2019 年第二季度，共 40 个季度。本部分所有数据来源于 Wind 资讯和经济合作与发展组织。

（二）美联储资产负债表政策财富分配效应的实证研究

1. 短期内美联储资产负债表政策的财富分配效应

这里的短期特指 2008 年第四季度至 2014 年第四季度，即美联储实施资产负债表政策期间。

（1）实证准备

为减少异方差和指数增长趋势问题，在进行平稳性检验之前，对美联储持债规模 $Debt_t - Fed$、股票价格指数 $Share_t$ 和实际房价 $House_t$ 分别取自然对数，分别标记为 $LNDebt_t - Fed$、$LNShare_t$、$LNHouse_t$。

由表 5.4 可知，美联储持债规模数据是平稳的，股票价格指数和实际房价数据都是一阶单整，取对数后的原序列中有非平稳序列，因此需要进行协整检验。

表 5.4 ADF 检验（短期）

变量	1%临界值	5%临界值	10%临界值	ADF 统计量	结论
$LNDebt_t - Fed$	− 4.728	− 3.760	− 3.325	− 7.824	平稳
$LNShare_t$	− 4.394	− 3.612	− 3.243	− 2.345	不平稳
$\Delta LNShare_t$	− 2.669	− 1.956	− 1.608	− 3.856	平稳
$LNHouse_t$	− 3.788	− 3.012	− 2.646	− 1.898	不平稳
$\Delta LNHouse_t$	− 2.669	− 1.956	− 1.608	− 1.726	平稳

注：ADF 检验的最大滞后阶数 $p_{max} = [12 \times (T/100)^{1/4}]$，其中 T 为样本容量，$[\cdot]$ 表示整数部分。代入数据所得最大滞后阶数为 9。

在进行协整检验之前需要先确认 VAR 模型的滞后阶数，表 5.5 列出了多种信息准则表达式的数值，LR、FPE、AIC、SC、HQ 信息准则表达式的数值均表明 VAR 模型的最优滞后阶数为 2 阶。

表 5.5 信息准则表达式数值（短期）

滞后阶数	LogL	LR	FPE	AIC	SC	HQ
0	73.72395	—	3.24e − 07	− 6.429450	− 6.280672	− 6.394402
1	158.6245	138.9281	3.30e − 10	− 13.32950	− 12.73438	− 13.18930
2	194.6503	49.12611*	3.00e − 11*	− 15.78639*	− 14.74494*	− 15.54105*
3	203.3536	9.494562	3.56e − 11	− 15.75942	− 14.27163	− 15.40894

注：带 * 的表示该准则下选择的最佳滞后期。

Johansen 协整检验结果列于表 5.6，表 5.6 中 Panel A 的协整秩迹检验结果和 Panel B 的最大特征值检验结果都表明可以在 5% 的水平上拒绝

"协整秩为 0"的原假设，接受"协整秩为 1"的原假设，两种检验结果表明变量之间存在 1 个协整关系，即美联储资产负债表政策和反映财富分配效应的变量集合之间短期存在协整关系。

表 5.6   Johansen 协整检验（短期）

最大秩	特征值	统计量	5% 临界值	P 值
Panel A：迹检验				
None*	0.753254	41.97720	29.79707	0.0012
At most 1	0.313578	11.19045	15.49471	0.2001
At most 2	0.124004	2.912662	3.841466	0.0879
Panel B：最大特征值检验				
None*	0.753254	30.78675	21.13162	0.0016
At most 1	0.313578	8.277789	14.26460	0.3512
At most 2	0.124004	2.912662	3.841466	0.0879

注：本表的 Johansen 检验包含常数项和时间趋势。

检验 VAR 模型是否稳定。结果如图 5.4 所示，VAR 模型所有根的模的倒数小于 1，即位于单位圆内，表明其是稳定的，下面脉冲响应和方差分解得到的结果是有效的。

以上分析表明美联储资产负债表政策与反映财富分配效应的房价、股价之间可以用 VAR 模型来研究。接下来基于脉冲响应函数和方差分解技术来研究短期内美联储资产负债表政策对财富分配的影响。

（2）实证结果

本部分进一步考察此 VAR 模型的脉冲响应函数，以研究美联储资产负债表政策对财富分配的影响，结果如图 5.5 所示。在下列各图中，横轴表示冲击作用的响应期间数（单位：季度），纵轴表示实际房价指数或股价指数，实线表示脉冲响应函数，代表了股价和房价对资产负债表政策冲击的反应，虚线表示正负两倍标准差偏离带。

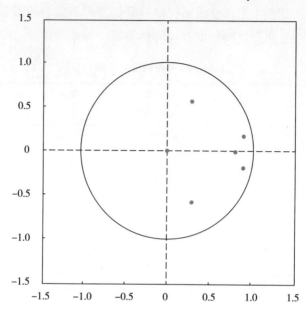

图 5.4　**VAR 模型稳定性的判别（短期）**

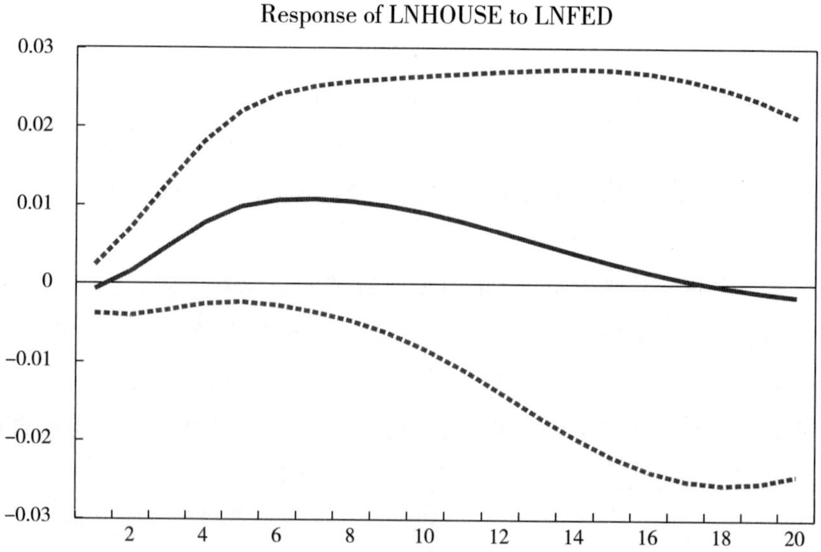

Response of LNHOUSE to LNFED

图 5.5　美国短期脉冲响应

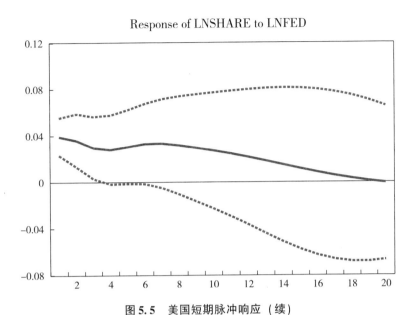

图 5.5　美国短期脉冲响应（续）

从图 5.5 的脉冲响应图可以看出，美联储资产负债表政策工具的冲击对财富分配指标均产生影响，但冲击与调整的特征有所不同。具体来说，在当期给美联储持债规模一个标准化的正向冲击，美国实际房价在第一期下降，这可能是因为资产负债表政策的时滞性。从第 2 期开始房价逐渐上升并在第 6 期达到最高点，之后房价逐渐下降。由于房产主要集中于普通居民，这将会增加普通居民财富的价值，进而降低财富分配的不平等。这表明在资产负债表政策工具使用期间，当美联储实施扩张性资产负债表政策，经市场传递给房地产行业，这一政策显著地提高了房价，会降低财富分配的不平等，但只有 4 年的时效。

给美联储持债规模一个标准化的正向冲击后，美国股票价格指数大幅增加，导致富人的财富迅速增加，增加了财富分配的不平等；随后影响程度逐渐减弱，在第 18 期影响消失。这表明在资产负债表政策工具使用期间，当美联储实施扩张性资产负债表政策时，这一政策的影响会迅速传导到股票市场，提高股价，增加财富分配的不平等，但只有 4 年半的时效。

在此基础上，采用方差分解技术研究美联储资产负债表政策对反映财富分配的不同经济变量的影响和解释能力。结果列于表5.7。

表5.7　　　　　　　　　方差分解结果（短期）

时期	房价			股价		
	持债规模	房价	股价	持债规模	房价	股价
1	1.003210	98.99679	0.000000	68.04663	0.958956	30.99442
2	1.515453	97.83040	0.654152	66.31479	2.146300	31.53891
3	5.795038	91.18100	3.023959	62.39105	8.659995	28.94895
4	11.19271	82.48245	6.324839	57.28617	16.78368	25.93015
5	15.59975	75.31060	9.089658	53.17800	22.80203	24.01997
10	24.81692	60.85929	14.32380	46.02328	31.68090	22.29583
15	27.00540	57.51736	15.47724	45.95938	31.46091	22.57972
20	26.87807	57.71731	15.40462	45.99640	31.40207	22.60154

从表5.7可以看出，资产负债表政策对股票价格影响程度比其对房产价格影响程度要大，第15期后约为1.7倍。具体来讲，美联储资产负债表政策对房价的贡献率是逐渐增加的，从最初的1%增加到第20期的26.87%，表明资产负债表政策对房地产的刺激作用逐渐增强。美联储资产负债表政策对股价的初始解释能力最大约为68%，解释程度逐渐减少到第10期基本稳定为46%，表明资产负债表政策对股票价格变动的解释力非常大，影响程度虽然逐步减少，但仍然超过股票价格自身的方差贡献率。

2. 长期内美联储资产负债表政策的财富分配效应

这里的长期指2008年第四季度至2019年第二季度，考察美联储资产负债表政策是否存在滞后的财富分配效应。

（1）实证准备

跟短期研究方法一样，为减少异方差和指数增长趋势问题，在进行平稳性检验之前，对样本数据分别取自然对数。ADF检验（含有常数项和时间趋势）结果表明，实际房价指数是平稳的，美联储持债规模数据和股票价格指数是一阶单整。LR、FPE、AIC、SC、HQ 信息准则表达式的数值均表明 VAR 模型的最优滞后阶数为 2 阶。Johansen 协整检验结果表明，美联储资产负债表政策和反映财富分配效应的变量集合之间存在一个协整关系。

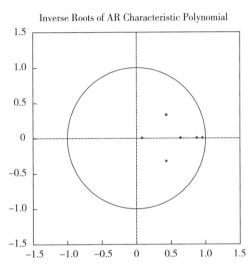

Inverse Roots of AR Characteristic Polynomial

图 5.6　VAR 模型稳定性的判别（长期）

图 5.6 表明，长期内建立的 VAR 模型是稳定的，脉冲响应和方差分解得到的结果是有效的，即美联储资产负债表政策与反映财富分配效应的经济变量之间在长期内可以用 VAR 模型来研究。

（2）实证结果

从图 5.7 的脉冲响应图可以看出，面对美联储持债规模的冲击，美国房价和股价均有同向的响应。长期内，给美联储持债规模一个标准化的正向冲击后，美国实际房价从第 2 期开始上涨，第 9 期以后稳定增长。这表明当美联储实施扩张性资产负债表政策，经市场传递到房地产行业，从第二季度开始会显著提高房价，降低财富不平等，且此影响有较长的持续效应。给美联储持债规模一个标准化的正向冲击后，美国股票价格指数大幅提高。这表明美联储扩张性资产负债表政策的影响会迅速传递到股票市场，从而提高股价，增加财富分配的不平等，并且此影响具有较长的持续效应。

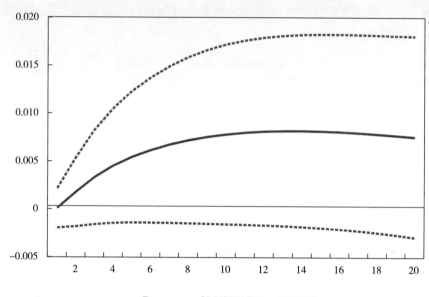

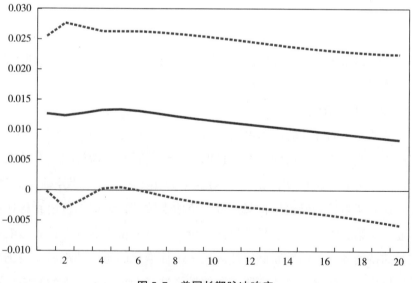

图 5.7　美国长期脉冲响应

表5.8　　　　　　　方差分解结果（美国长期）

时期	房价			股价		
	持债规模	房价	股价	持债规模	房价	股价
1	0.129192	99.87081	0.000000	9.092382	2.527957	88.37966
2	1.415343	98.23327	0.351384	9.481155	1.697135	88.82171
3	3.301349	95.27116	1.427487	10.82141	4.705435	84.47315
4	4.852046	91.78501	3.362945	12.15956	10.03425	77.80619
5	6.012169	88.10364	5.884188	13.08914	15.78176	71.12910
10	8.879201	74.06899	17.05181	13.70724	32.32244	53.97032
15	10.07564	67.31665	22.60771	13.45863	37.70369	48.83767
20	10.68672	63.79345	25.51983	13.35522	39.94089	46.70388

　　长期内，资产负债政策对房价指数影响程度和其对股票价格指数影响程度分别为10.68%和13.36%。资产负债政策对股票价格和房地产的刺激作用均在逐渐增强。但资产负债政策对股票价格和房地产的长期影响均小于其短期影响。

　　3. 结论

　　本部分研究了美联储资产负债表政策的财富分配效应。结果表明，美联储资产负债表政策工具使用期间及资产负债表政策工具使用至今，通过房地产渠道会降低财富分配的不平等，但股票市场渠道会增加财富分配的不平等。美联储资产负债表政策通过股票市场渠道增加的财富不平等程度，要大于通过房地产渠道降低的财富分配不平等程度。

　　就房地产渠道而言，美联储资产负债表政策工具使用期间以及资产负债表政策开始实施使用至今，对房地产的刺激作用均有3个月的滞后性，均是从第2期开始刺激实际房价上升，逐步增加普通居民持有的房产价值，进而降低财富分配的不平等，且美联储资产负债表政策工具使用期间的影响比资产负债表政策开始实施使用至今的影响要大。

　　就股票市场渠道而言，美联储资产负债表政策工具使用期间及资产负债表政策工具开始实施至今，最初都会对股票价格指数产生迅速增加的正向影响，使富人的财富增加，进而增加财富分配的不平等，且这种影响在美联储资产负债表政策工具使用期间比资产负债表政策工具开始实施至今要大。

（三）欧洲中央银行资产负债表政策财富分配效应的实证研究

1. 欧洲中央银行资产负债表政策对欧元区整体的财富分配效应

（1）实证准备

为减少异方差和指数增长趋势问题，对持债规模、股票价格指数和实际房价分别取自然对数，得到变量 $lnDebt_t - ECB$、$lnShare_{it}$ 和 $lnHouse_{it}$。在对数据进行回归之前，需要检验数据的平稳性。采用 Stata14.0 统计软件，对时间序列数据进行 ADF 检验，对面板数据进行 LLC 同质单位根检验和 IPS 异质单位根检验，检验结果列于表5.9。

表5.9 欧元区整体平稳性检验

变量	检验方法	统计量	P 值	结论
$lnDebt_t - ECB$	ADF	− 0.8755	0.8942	不平稳
$\triangle lnDebt_t - ECB$	ADF	− 2.4389	0.0161	平稳
$lnShare_{it}$	LLC	− 1.7721	0.0328	平稳
	IPS	0.6053	0.7275	不平稳
$\triangle lnShare_{it}$	LLC	− 11.6631	0.0000	平稳
	IPS	− 11.6115	0.0000	平稳
$lnHouse_{it}$	LLC	0.6067	0.7280	不平稳
	IPS	4.4977	1.0000	不平稳
$\triangle lnHouse_{it}$	LLC	− 3.3428	0.0004	平稳
	IPS	− 10.0634	0.0000	平稳

表5.9 显示，欧洲中央银行持债规模 $lnDebt_t - ECB$，实际房价 $lnHouse_{it}$、股价 $lnShare_{it}$ 的原序列均为非平稳序列，对所有变量进行一阶差分，一阶差分序列都是平稳的。传统的做法是对一阶差分后的平稳序列创建 PVAR 模型以进行格兰杰因果关系检验，从而考察变量之间的格兰杰因果关系。然而，一阶差分后所得变量的经济含义与原序列并不相同，因此本部分仍使用原序列创建 PVAR 模型。在进行格兰杰因果关

系检验之前需要进行协整检验，以判断变量之间是否存在协整关系。在
进行协整检验之前，需要确定 PVAR 模型的最优滞后阶数。

表 5.10　　　　　　　　欧元区整体信息准则表达式数值

滞后阶数	AIC	BIC	HQIC	滞后阶数	AIC	BIC	HQIC
1	− 9.86734	− 9.44528	− 9.70294	5	− 11.016	− 10.264	− 10.7216
2	− 10.2124	− 9.71328	− 10.0178	6	− 11.1461	− 10.3018	− 10.8151
3	− 10.2651	− 9.68551	− 10.0388	7	− 11.3526	− 10.4112	− 10.9831
4	− 10.7947	− 10.1309	− 10.5351	8	− 11.6529 *	− 10.6094 *	− 11.2427 *

注：带 * 的表示该准则下选择的最佳滞后期。

基于处理后的数据集，根据 AIC、BIC 和 HQIC 准则，对于欧元区
整体这个样本本章确定 PVAR 模型的最优滞后阶数为 8 阶，然后运用
Westerlund（2007）误差修正模型检验方法进行协整检验，结果列于
表 5.11。

表 5.11　　　　　　　　　欧元区整体协整检验

统计量	数值	Z 值	P 值
Gt	− 2.149	− 2.93	0.002
Ga	− 5.198	0.458	0.676
Pt	− 8.009	− 3.207	0.001
Pa	− 4.424	− 1.571	0.058

注：原假设是"不存在协整关系"。

表 5.11 中的四种面板协整检验结果显示，只有 Ga 统计量的检验表
明变量之间不存在协整关系，其余三种检验均表明变量之间存在协整关
系。因此，欧洲中央银行资产负债表政策和反映财富分配效应的变量集
合之间存在协整关系。接着，进行格兰杰因果关系检验。

表 5.12　　　　　　　　欧元区整体格兰杰因果检验结果

变量 Y	变量 X	Wald 统计量	P 值
原假设：变量 X 不是变量 Y 的格兰杰原因			
h_dlnecb	h_dlnhouse	17.532	0.025
	h_dlnshare	167.67	0.000
	ALL	189.58	0.000
h_dlnhouse	h_dlnecb	3.342	0.911
	h_dlnshare	23.654	0.003
	ALL	42.79	0.000
h_dlnshare	h_dlnecb	86.032	0.000
	h_dlnhouse	8.2082	0.413
	ALL	93.731	0.000

从表 5.12 格兰杰因果检验可以看出，大部分 Wald 统计量的 P 值是小于 0.05 的，表明欧洲中央银行资产负债表政策和反映财富分配效应的变量集合之间存在相互影响的因果关系。接下来基于脉冲响应函数和方差分解技术来研究欧洲中央银行资产负债表政策对欧元区整体的财富分配效应。

（2）实证结果

对欧洲中央银行资产负债表政策工具实施一单位标准差正向冲击，相关经济变量的脉冲响应图如图 5.8 所示。

对于欧元区整体来说，在当期给欧洲中央银行持债规模一个标准化的正向冲击，欧元区实际房价在第一期下降，这可能是因为资产负债表政策的时滞性。从第 2 期开始实际房价逐渐上升，在第 8 期达到最大，且有 5 年的持续效应。表明欧洲中央银行实施扩张性资产负债表政策，经市场传递给房地产行业，导致实际房价上升，降低了财富分配的不平等，而且有 5 年时效。欧洲中央银行资产负债表政策工具的正向冲击，最初会大幅增加股票价格，影响程度逐渐减少，并在 3 年后消失，这表明欧洲中央银行扩张性资产负债表政策，会通过股票市场渠道增加财富不平等，但只有 3 年的时效。

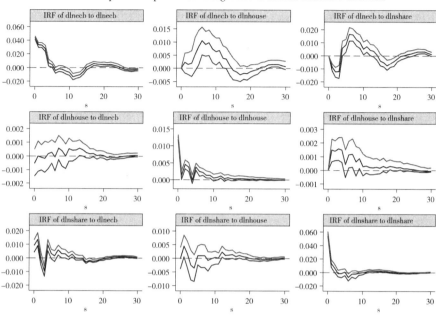

图 5.8　欧元区整体脉冲响应

在此基础上，采用方差分解技术研究欧洲中央银行资产负债表政策对欧元区整体财富分配效应的影响和解释力，结果见表 5.13。

表 5.13　　　　　　　　　　欧元区整体方差分解结果

时期	房价			股价		
	持债规模	房价	股价	持债规模	房价	股价
1	0.20%	99.80%	0.00%	2.50%	0.00%	97.50%
4	0.20%	96.60%	3.20%	9.00%	0.80%	90.20%
8	0.30%	94.70%	4.90%	11.90%	1.10%	87.00%
12	0.60%	94.10%	5.30%	12.50%	1.10%	86.40%
16	0.90%	93.80%	5.40%	12.50%	1.30%	86.10%
20	0.90%	93.60%	5.50%	12.80%	1.40%	85.80%
24	0.90%	93.60%	5.50%	12.80%	1.40%	85.80%
28	0.90%	93.60%	5.50%	12.90%	1.40%	85.70%

对于欧元区整体而言，欧洲中央银行资产负债表政策对股价和房价的解释能力均在逐渐增大，对股价的贡献率从最初的 2.5% 增加到第 28 期的 12.9%，对房价的贡献率从 0.2% 增加到 0.9%，表明资产负债表政策对股市和房地产市场的刺激作用均在逐渐增强。另外，欧洲中央银行资产负债表政策对股价的解释能力大于对房价的解释能力，表明欧洲中央银行资产负债表政策主要是通过股票市场渠道来影响财富分配不平等。

2. 欧洲中央银行资产负债表政策对欧元区核心国家的财富分配效应

（1）实证准备

和研究欧元区整体一样，为减少异方差和指数增长趋势问题，对持债规模、股票价格指数和实际房价分别取自然对数，得到变量 $\ln Debt_t - ECB$、$\ln Share_{it}$ 和 $\ln House_{it}$。平稳性结果显示，欧洲中央银行持债规模 $\ln Debt_t - ECB$，实际房价 $\ln House_{it}$、股价 $\ln Share_{it}$ 的原序列均为非平稳序列，对所有变量进行一阶差分，一阶差分序列都是平稳的。根据 AIC、BIC 和 HQIC 准则，欧元区核心国家的最优滞后阶数为 8 阶。协整检验结果表明，欧洲中央银行资产负债表政策和反映欧元区核心国家财富分配效应的变量集合之间存在协整关系。格兰杰因果关系检验中大部分 Wald 统计量的 P 值是小于 0.05 的，表明欧洲中央银行资产负债表政策和欧元区核心国家反映财富分配效应的变量集合之间存在相互影响的因果关系。接下来基于脉冲响应函数和方差分解技术来研究欧洲中央银行资产负债表政策对欧元区核心国家的财富分配效应。

（2）实证结果

本部分基于脉冲响应函数和方差分解技术，研究欧洲中央银行资产负债表政策冲击对欧元区核心国家财富分配效应的影响。对欧洲中央银行资产负债表政策假设一单位标准差正向冲击，相关经济变量的脉冲响应图如图 5.9 所示。

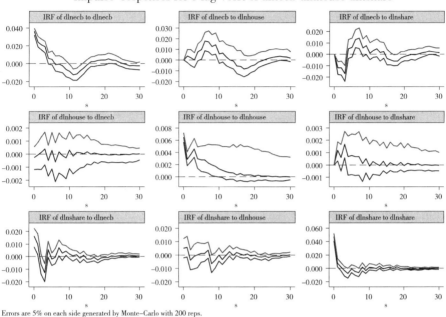

图 5.9　欧元区核心国家脉冲响应

对于欧元区核心国家而言，欧洲中央银行扩张性资产负债表政策通过股票市场渠道增加欧元区核心国家财富不平等。欧洲中央银行资产负债表政策工具的正向冲击，最初会大幅增加股票价格，影响程度逐渐减少，并在 4 年后消失，这表明欧洲中央银行扩张性资产负债表政策，会通过股票市场渠道增加财富不平等，但只有 4 年的时效。在当期给欧洲中央银行持债规模一个标准化的正向冲击，欧元区核心国家实际房价上下波动，16 期后影响消失，说明欧洲中央银行资产负债表政策对欧元区核心国家房价影响不大，因此通过房地产渠道对财富分配影响不大。

在此基础上，采用方差分解技术研究欧洲中央银行资产负债表政策对欧元区核心国家财富分配效应的影响和解释力，结果见表 5.14。

表 5.14　　　　　　　　　欧元区核心国家方差分解结果

时期	房价			股价		
	持债规模	房价	股价	持债规模	房价	股价
1	0.20%	99.80%	0.00%	10.30%	1.10%	88.60%
4	0.30%	94.60%	5.10%	18.80%	2.60%	78.50%
8	0.80%	93.80%	5.40%	20.10%	2.90%	76.90%
12	0.90%	93.80%	5.30%	20.30%	5.00%	74.70%
16	0.90%	93.80%	5.30%	20.40%	5.20%	74.30%
20	0.90%	93.80%	5.30%	20.70%	5.30%	74.10%
24	1.00%	93.70%	5.30%	20.70%	5.40%	73.90%
28	1.00%	93.70%	5.30%	20.70%	5.60%	73.80%

可以看出，欧洲中央银行资产负债表政策主要是通过股票市场渠道来影响核心国家财富分配不平等。欧洲中央银行资产负债表政策对股价的初始解释能力为 10.3%，但解释程度逐渐增大并在第 20 期达到最大值 20.7%，表明政策对股价的冲击较为显著。欧洲中央银行资产负债表政策对核心国家房价的解释能力较小，解释能力不超过 1%，表明政策对核心国家实际房价的冲击比对股价的冲击要小。

3. 欧洲中央银行资产负债表政策对欧元区外围国家的财富分配效应

（1）实证准备

和研究欧元区整体、欧元区核心国家一样，对欧元区外围国家的数据进行平稳性检验，所得结果与欧元区核心国家结果一致。根据 AIC、BIC 和 HQIC 准则，欧元区外围国家的 PVAR 模型的最优滞后阶数为 8 阶。协整检验结果显示，欧洲中央银行资产负债表政策和反映欧元区外围国家财富分配效应的变量集合之间存在协整关系。格兰杰因果关系检验结果显示，欧元区外围国家中，欧洲中央银行资产负债表政策和反映财富分配效应的变量集合之间存在相互影响的因果关系。接下来基于脉冲响应函数和方差分解技术来研究欧洲中央银行资产负债表政策对欧元区外围国家的财富分配效应。

（2）实证结果

本部分基于脉冲响应函数和方差分解技术，研究欧洲中央银行资产负债表政策冲击对欧元区外围国家财富分配效应的影响，相关经济变量的脉冲响应图如图 5.10 所示。

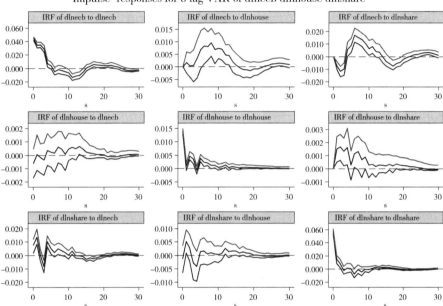

Impulse-responses for 8 lag VAR of dlnecb dlnhouse dlnshare

Errors are 5% on each side generated by Monte-Carlo with 200 reps.

图 5.10　欧元区外围国家脉冲响应

对于欧元区外围国家而言，面对欧洲中央银行资产负债表政策冲击，欧元区外围国家实际房价、股价的响应方向有所差异。在当期给欧洲中央银行持债规模一个标准化的正向冲击，欧元区外围国家实际房价在第一期下降，这可能是因为资产负债表政策的时滞性。从第 2 期开始实际房价逐渐上升，在第 14 期达到最大，且有 5 年的持续效应。表明欧洲中央银行实施扩张性资产负债表政策，经市场传递给房地产行业，促使实际房价上升，降低了财富分配的不平等，而且有 5 年时效。欧洲中央银行资产负债表政策工具的正向冲击，最初会大幅增加股票价格，影响程度逐渐减少，并在 3 年后消失，这表明欧洲中央银行扩张性资产负债表政策，会通过股票市场渠道增加财富不平等，有 3 年的时效。

在此基础上，采用方差分解技术研究欧洲中央银行资产负债表政策对欧元区外围国家财富分配效应的影响和解释力，结果见表 5.15。

表 5.15　　　　　　　　　欧元区外围国家方差分解结果

时期	房价			股价		
	持债规模	房价	股价	持债规模	房价	股价
1	0.20%	99.80%	0.00%	1.60%	0.10%	98.30%
4	0.20%	96.90%	2.90%	7.60%	1.10%	91.30%
8	0.40%	94.90%	4.70%	10.90%	1.50%	87.60%
12	0.70%	94.20%	5.10%	11.40%	1.60%	87.10%
16	1.00%	93.80%	5.10%	11.50%	1.90%	86.70%
20	1.00%	93.70%	5.30%	11.70%	1.90%	86.40%
24	1.10%	93.60%	5.30%	11.70%	1.90%	86.40%
28	1.10%	93.60%	5.30%	11.80%	1.90%	86.30%

可以看出，欧洲中央银行资产负债表政策主要通过股票市场渠道来影响外围国家财富分配不平等。欧洲中央银行资产负债表政策对股价的初始解释能力仅为 1.6%，但解释程度逐渐增大并在第 28 期达到最大值 11.8%，表明政策对股价的冲击较为显著。欧洲中央银行资产负债表政策对外围国家房价的解释能力较小，解释能力不超过 1.1%，表明政策对外围国家实际房价的冲击比对股价的冲击要小。

4. 结论

本部分通过 PVAR 模型研究欧洲中央银行资产负债表政策的财富分配效应。结果表明，欧洲中央银行资产负债表政策对欧元区整体、欧元区核心国家、欧元区外围国家均主要通过股票市场渠道来影响财富分配不平等。欧洲中央银行资产负债表政策通过房地产渠道对财富分配作用的影响比通过股票市场渠道对财富分配作用的影响要小。

就房地产渠道而言，欧洲中央银行扩张性资产负债表政策通过房地产渠道对欧元区整体、欧元区核心国家、欧元区外围国家的影响不同。

具体来讲，由于货币政策的时滞性，欧洲中央银行扩张性资产负债表政策，对欧元区整体、欧元区外围国家均是从第二季度开始通过房地产渠道降低财富分配不平等。对欧元区核心国家来说，欧洲中央银行扩张性资产负债表政策，通过房地产渠道对财富分配影响不大。

就股票市场渠道而言，欧洲中央银行扩张性资产负债表政策，对欧元区整体、欧元区核心国家、欧元区外围国家均会通过股票市场渠道增加财富不平等。但影响持续的时间有所差异，欧元区整体、欧元区外围国家的持续时间为 3 年，欧元区核心国家持续的时间为 4 年。

第六章

国际金融危机背景下资产负债表政策的沟通
——以美联储为例

Borio 和 Zabai（2016）将资产负债表政策分为五类，包括汇率政策、准债务管理政策、信贷政策、银行准备金政策和资产负债表政策的前瞻性指引。可见，在上述的分类中，将资产负债表政策的前瞻性指引视为一项独立的资产负债表政策工具。资产负债表政策的前瞻性指引，实际上是中央银行针对资产负债表政策与公众的沟通，是指中央银行通过发布相关的信息，引导公众对未来资产负债表政策路径的预期，目的在于增进公众对资产负债表政策的理解，进而提高资产负债表政策的有效性。本章以美联储为例，不仅分析了国际金融危机前后其利率前瞻性指引的变化，还探讨了国际金融危机后其资产负债表政策前瞻性指引的实践，得出了对我国中央银行沟通有益的启示。

一、前瞻性指引概述

前瞻性指引，作为零利率背景下中央银行采用的一项非常规货币政策工具，其实质是中央银行针对未来政策路径的沟通。在应对此次国际金融危机的过程中，美联储的前瞻性指引变得更为具体和系统，从最初的模糊、隐晦变得越来越明确。

（一）前瞻性指引的基本含义

狭义的前瞻性指引被用来特指中央银行针对未来政策利率路径的沟通；而广义的前瞻性指引，则是指中央银行针对未来政策意向的沟通，不仅包括中央银行针对未来政策利率路径的直接沟通，还包括中央银行通过发布文字的未来经济展望或量化的宏观经济预测等方式间接传递的未来政策路径信息。从"未来政策意向沟通"这个层面上看，前瞻性指引并非此次危机后才启用的创新货币政策工具。早在 20 世纪 90 年代末期，美联储就开始了未来政策意向沟通的探索。国际金融危机爆发后，因为面临零利率下限约束的特殊背景，美联储针对未来联邦基金利率路径的前瞻性指引，被提升至非常规货币政策工具的地位。

值得一提的是，自 20 世纪 90 年代末以来，新西兰中央银行、挪威中央银行、瑞典中央银行等一些采用通货膨胀目标制的中央银行，就保持着定期发布政策利率未来路径量化预测的传统。虽然这几家中央银行的实践与危机期间美联储的前瞻性指引有相似之处，但其主要目的是增加中央银行内部分析和政策评估的公开和透明，并非是中央银行的无条件承诺。

（二）前瞻性指引的理论分析

预期在货币政策实施过程中扮演着重要角色。中央银行能控制的只是短期政策利率，而货币政策对经济的影响很大程度上取决于公众对这些短期政策利率未来路径的预期。通过影响未来短期利率走势的预期，进而影响中长期利率，中央银行能够确保货币政策态势传导到更广泛的实体经济。随着预期管理成为货币政策的一个核心要素，中央银行需要通过一定形式的前瞻性指引，引导公众的政策路径预期与中央银行期望的保持一致，进而提高货币政策的有效性。

正常情形下，中央银行一般不会直接提供未来政策利率路径的信息，而是由公众基于中央银行的反应函数、会后声明及定期发布的经济预测等相关信息去预测未来货币政策的走势。国际金融危机爆发后，在面临零利率下限约束的背景下，中央银行更为直接的前瞻性指引显得尤为必要。一方面，政策利率已经降至接近零，中央银行难以通过政策利率的进一步下调以增加货币刺激；另一方面，面对危机后非同寻常的经济金融环境，中央银行过去应对经济变化的系统性反应方式很难为公众提供相应的指导。因此，中央银行需要提供更具针对性的指导，加强危机背景下公众未来政策路径预期的有效引导，以提供进一步的货币宽松。

零利率背景下，前瞻性指引将会通过影响政策利率未来路径预期和期限溢价这两个要素，实现降低长期利率的目的。政策利率保持在低水平的时间比公众预期的更长，一方面，有利于降低投资者的未来政策利率路径预期；另一方面，提高了未来政策利率路径的透明度，降低了未来政策利率意外上升的风险，有利于降低期限溢价。

前瞻性指引作用的有效发挥，需要公众将其视为中央银行的可信承诺，即公众相信中央银行会兑现其给出的政策指导。唯有如此，才能对公众的未来政策路径预期产生影响。但是，实践中，中央银行不会无条件地承诺一条特定的政策利率路径，而是强调发布的政策利率路径体现了中央银行基于当前经济状况的一种预测，随着经济状态的变化，政策利率也会相应调整。中央银行在设计前瞻性指引时，需要处理好指导的承诺性和未来政策灵活性之间的关系。如果公众认为中央银行指导的承诺性越强，那么对金融市场预期和经济活动产生的影响就越大，同时对中央银行未来政策灵活性的限制也会更大。

二、美联储利率前瞻性指引的政策实践及其效应

（一）国际金融危机前美联储利率前瞻性指引的探索

自20世纪90年代以来，随着透明度的提高成为现代中央银行发展的主要趋势，美联储逐渐从隐秘走向开放和透明，在未来政策意向沟通方面进行了一系列的探索，在管理公众预期和提高货币政策有效性方面发挥了积极的作用。

1994年2月以前，美联储不宣布货币政策决定，更不用说提供未来政策意向的直接信号，认为对货币政策决定保持隐秘可以让货币政策更有效。在信奉隐秘性的时代里，美联储是通过系统性的政策行为来管理

预期的，采用的是从不解释，但行动可预测的操作方式。自 20 世纪 70 年代的高通货膨胀后，美联储应对经济活动和通货膨胀变化的方式变得更可预测、更为系统，其反应函数为公众所熟悉。Taylor（1993）[①] 研究表明，自 20 世纪 80 年代中期以来，美联储的货币政策变化基本上都遵循了一项基于通货膨胀和产出的简单规则。通过分析美联储过去的系统性政策行为，公众可以较好地预测未来的货币政策走向。因此，前瞻性指引很少使用。

随着公众预期在宏观经济稳定中发挥的核心作用受到广泛重视，美联储开始着力加强透明度建设以加强对预期的引导。1994 年 2 月，美联储开始发布会后声明，但在声明中仅通过委员会决定略微增加准备金头寸的压力模糊地传递政策决定的信息；1995 年 7 月，美联储在会后声明中指出，"准备金压力的下降也体现为联邦基金利率目标值下降 0.25%"，第一次发布量化的联邦基金利率目标值。伴随着货币政策决定的及时发布，1999 年 5 月，美联储开始尝试在会后声明中通过政策偏倚（policy bias）直接传递其预期的货币政策态势信号。不对称偏倚（asymmetric bias）指政策变动朝某一方向的可能性大，对称偏倚（symmetric bias）是指下一次政策变动时两种走向的可能性相当。比如，1999 年 5 月的措辞为近期内货币政策态势可能偏向紧缩，以传递联邦基金利率可能会上升的信号。

由于不满意金融市场对政策偏倚的反应，经历几个月的实践后，2000 年初美联储转而采用通过有关风险平衡的用语向市场间接传递委员会对未来货币政策走势的意向。风险平衡用语，是针对物价稳定和经济增长双重目标所面临风险的评价。常用的表述有三类：两个目标面临的风险是平衡的；主要是通货膨胀压力增大的风险；主要是面临经济衰退的风险。根据上述的表述，公众去推测利率或不变、利率或上升和利率或下降的政策意向。委员会希望以风险平衡这一间接的方式传递政策意

---

① TAYLOR, JOHN B. Discretion Versus Policy Rules in Practice [J]. Carnegie - Rochester Conference Series on Public Policy, 1993（39）：195 - 214.

向，避免货币政策操作的灵活性受到限制。

然而，2003 年 8 月，美联储又从间接的风险平衡用语转向直接的未来政策意向声明。当时，美联储担心经济面临通货紧缩和经济衰退的双重风险，而风险平衡用语中的可选措辞难以体现美联储的这一担忧。另外，联邦基金利率目标值已降至 1%，进一步下降的空间有限。于是，美联储在会后声明中重新采用直接的未来政策意向沟通，以加强对预期的引导。比如，2003 年 8 月，委员会认为宽松的货币政策将保持相当一段时间；2004 年 1 月，委员会对消除宽松货币政策将保持耐心；2004 年 5 月，委员会将以可测量的步伐取消宽松货币政策；2005 年 12 月，委员会认为进一步的政策紧缩可能是必要的。

（二）国际金融危机后美联储利率前瞻性指引的实践

此次国际金融危机爆发后，美联储不断强化未来政策利率路径的直接沟通，其前瞻性指引变得更为具体和系统，从最初的模糊、隐晦变得越来越明确，先后采用了定性的前瞻性指引、基于时间的前瞻性指引和基于状态的前瞻性指引三种指导形式。在前瞻性指引的实践过程中，美联储需要平衡好两方面的关系：一方面，需要充分发挥宽松政策承诺对市场预期的影响；另一方面，尽力避免未来货币政策的灵活性受到不必要的限制。

1. 定性的前瞻性指引

2008 年 12 月，在联邦基金利率目标值下调至 0~0.25% 后，美联储发布了危机后的第一次前瞻性指引声明，宣布疲弱的经济可能需要联邦基金利率保持在极低水平一段时间。时任美联储主席 Bernanke（2008）将此次的声明描述为政策预测而非政策承诺，认为声明反映了委员会的预期，应该能够影响市场利率。2008 年 12 月联邦公开市场委员会货币政策会议记录显示，尽管委员会不愿意针对未来政策行动作出承诺，但认为有效的前瞻性指引确实需要能够改变市场的未来利率路径预期。2009 年 3 月声明措辞调整为更长的一段时间。这两次的前瞻性指引，与 2003 年 8 月的声明类似，不同之处在于此次提供指引的背景是联邦基金

利率已降至接近零而无法再降。

2. 基于时间的前瞻性指引

2011 年 8 月，美联储开始采用基于时间的前瞻性指引，在公布未来货币政策意向时，附加一个明确的时间信息，极低的政策利率将至少维持到 2013 年中期；2012 年 1 月措辞调整为 2014 年末；2012 年 9 月措辞调整为 2015 年中。

基于时间的指引比定性指引更为明确，但更容易被视为中央银行的承诺，而限制未来政策操作的灵活性。当委员会宣布延长低利率的持续时间时，公众不清楚这一时间的变化，究竟是反映委员会对未来经济状况恶化的担忧，还是进一步增加货币政策宽松的决定。如果被公众错误地解读为中央银行对未来经济前景的预测更为悲观，那么负的信心效应将会抵消中央银行所期望达到的刺激效果。

3. 基于状态的前瞻性指引

由于担心公众会对基于时间的指引作出错误的解读，2012 年 12 月，美联储转而采用基于状态的前瞻性指引，明确给出货币政策调整的条件，将低利率政策的维持与劳动力市场的发展状况、通货膨胀的预测水平联系在一起，强调政策利率路径将会随着经济状况的变化而调整。条件性不仅反映了中央银行所面临经济前景的不确定性，也有利于提高中央银行政策态势的可信性。在 2012 年 12 月的会后声明中，美联储宣布维持低利率的三个条件——失业率高于 6.5%、未来 1～2 年的通货膨胀预测不高于 2.5% 及长期通货膨胀预期稳定。2014 年 3 月，随着失业率逐渐接近门槛指标，美联储重新回到定性的前瞻性指引。

（三）零利率背景下美联储利率前瞻性指引的有效性

针对美联储利率前瞻性指引的实证研究，面临的一个主要问题是，由于利率前瞻性指引与大规模资产购买这两项非常规政策工具的同时使用，导致很难将两者的效应分离开来。大规模资产购买常常被认为向公众传递了中央银行将信守低利率承诺的信号，因此，资产购买的增加对于低利率指引刺激效应的发挥不可或缺。

大多数针对美联储利率前瞻性指引的实证研究表明，国际金融危机以来美联储采用的三种前瞻性指引形式，在降低市场的未来政策利率路径预期、提高短期内政策利率的可预测性等方面都取得了积极的效果。

Campbell 等（2012）[1] 针对定性指引和时间指引的研究表明，低利率指引对2年期和5年期美国国债收益率影响很大，对10年期国债收益率影响更大。

Femia 等（2013）[2] 针对时间指引和状态指引的研究表明：（1）伴随着每一次指引声明的发布，利率期货中隐含的货币政策紧缩预期不断向后推迟；（2）政策利率路径的不确定性下降了；（3）针对一级交易商的调查表明，时间指引传递了更为宽松的货币政策取向。

Swanson 和 Williams（2014）[3] 针对定性指引和时间指引的研究表明：（1）指引影响了公众对零利率下限持续时间的预期；（2）指引影响了美国国债收益率曲线。2013年中的声明发布后，2年期国债收益率对经济信息的敏感性下降，2014年中的声明发布后，2年期国债收益率对经济信息不敏感。

Filardo 和 Hofmann（2014）[4] 研究表明，在大多数声明发布的日子里，期货利率和长期债券利率都下降了。市场对定性指引反应最大，这也许是因为在定性指引声明发布的同时，伴随有政策利率下降的声明（2008年12月）和资产购买的声明（2008年12月和2009年3月）。市场对时间指引反应呈现递减的趋势，2011年8月的声明发布后，2年期期货利率下降超过0.2%，而2012年1月和9月的声明发布后，2年期期货利率下降只有0.05%。2012年12月的状态指引，并未对期货利率

① CAMPBELL et al. Macroeconomic Effects of Federal Reserve Forward Guidance [R]. Brookings Papers on Economic Activity, 2012: 1 – 80.

② FEMIA, K, S FRIEDMAN and B SACK. The Effects of Policy Guidance on Perceptions of the Fed's Reaction Function [R]. Federal Reserve Bank of New York Staff Reports, 2013, 652.

③ SWANSON and WILLIAMS. Measuring the Effect of the Zero Lower Bound on Medium – and Longer – Term Interest Rates [J]. American Economic Review, 2014, 104 (10): 3154 – 3185.

④ FILARDO and HOFMANN. Forward Guidance At the Zero Lower Bound [J]. BIS Quarterly Review, 2014 (3): 37 – 53.

和长期债券利率产生明显影响。

Swanson（2015）[①] 运用时间序列回归的方法对三种指引形式的研究表明，指引降低了 10 年期及以下的各种期限的国债利率，带来了股票市场的繁荣，导致了美元的贬值。

三、美联储资产负债表政策前瞻性指引的实践

在资产负债表政策实施的过程中，中央银行通过多种途径强化资产购买计划的实施方式、作用机制及退出策略的沟通，在特定阶段有效引导了市场的政策预期。资产负债表政策主要包括信贷宽松与量化宽松两大类，这里重点分析美联储量化宽松政策的沟通。通过四轮量化宽松，美联储资产购买的规模共计超过 3 万亿美元，极大地扩张了美联储的资产负债表，有效地降低了市场长期利率水平。

（一）美联储资产负债表政策沟通的内容

Yellen（2013）[②] 指出，"中央银行资产购买计划的有效性，或者更一般地说，货币政策的有效性，关键取决于公众对货币政策的理解"。为了帮助公众更好地理解大规模资产购买计划，美联储充分利用会后声明、会议记录、美联储主席讲话、研究论文等多种途径，向公众阐明资产负债表政策实施的动因、作用机制及退出条件和原则。

1. 资产负债表政策实施的动因及目的

雷曼兄弟破产倒闭后，鉴于经济面临严重衰退和金融市场的混乱，以及短期利率已接近零利率下限，联邦公开市场委员会（FOMC）认识到，仅仅通过管理短期利率及提供未来短期利率将保持在低水平的前瞻性指引，已经无法提供刺激经济所需要的货币宽松。在这一背景下，美联储不仅将联邦基金利率目标值降至 0～0.25%，而且开始实施大规模

---

① SWANSON. Measuring the Effects of Unconventional Monetary Policy on Asset Prices ［R］. NBER Working Papers，2015.

② JANET YELLEN. Communication in Monetary Policy ［C］. Speech on Society of American Business Editors and Writers 50th Anniversary Conference，Washington D. C.，2013.

的资产购买政策，即在公开市场上购买长期国债及抵押贷款支持证券，以补充利率政策和前瞻性利率指引。

2. 资产负债表政策的作用机制

Bernanke（2013）[1] 指出，大规模资产购买和前瞻性利率指引都是通过对长期利率施加向下的压力来支持经济增长，但是它们影响长期利率的途径是不一样的。长期利率可分解为两个要素：一是未来短期利率的预期路径，二是期限溢价。前瞻性利率指引主要是通过影响投资者对未来短期利率路径的预期来影响长期利率；而大规模资产购买则是通过直接影响期限溢价来影响长期利率。

Bernanke（2013）认为，尽管上述两种非常规政策工具都可以支持经济复苏，但是这两种工具并非完全等同。相比前瞻性利率指引，美联储针对期限溢价的大规模资产购买实践非常有限，不仅对于资产购买节奏及资产负债表资产存量变化对金融和经济状况的影响不是很确定，而且对于期限溢价的决定因素也不是很明确。

Stein（2012）[2] 指出，相比未来政策利率路径预期的下降，同样幅度的期限溢价下降提供的货币刺激对投资的影响相对较小。随着期限溢价的大幅下降，企业可能更倾向于发行成本较低的长期债券以买回成本更高的短期债券，而非将发行长期债券筹集的资金用于投资，意味着更低的长期利率会导致融资行为的改变而不会影响投资行为。

3. 资产负债表政策的实施方式

美联储四轮量化宽松实施的具体方式不尽相同，其对沟通的影响也存在差异。前两轮的量化宽松，事先宣布了固定的购买规模，而且是在特定的时间段内完成资产购买。固定的购买规模和时间段，使美联储的沟通相对直接和容易，但却难以对经济前景的变化及所需要的政策宽松

---

① BERNANKE, BEN S. Monetary Policy since the Onset of the Crisis, www. federalreserve. gov/ newsevents/speech/bernanke20120831a. htm, 2012.

② STEIN, J. C. Evaluating Large – Scale Asset Purchases ［C］. Speech to the Brookings Institution, Washington, D. C. , 2012.

作出相应的调整。

2012 年 9 月，美联储启动第三轮量化宽松政策，宣布不再事先确定购买总规模，而是按照每个月 400 亿美元的节奏购买抵押贷款支持证券，并将购买规模与委员会的经济目标联系在一起，指出"资产购买将会一直持续，直到在价格稳定的背景下，劳动力市场前景出现显著改善"。2012 年 12 月，在扭曲操作结束后，美联储宣布实施第四轮量化宽松货币政策，每个月将额外增加购买 450 亿美元长期国债，自此每个月的资产购买规模达到 850 亿美元，指出"在决定资产购买的规模、节奏和类型时，将会充分考虑资产购买的成本和收益"。

4. 资产负债表政策的退出策略

FOMC 将资产购买计划的调整和结束，建立在劳动力市场前景的显著改善及进一步资产购买的成本收益分析之上。Bernanke（2013）[①]、Yellen（2013）[②] 在不同的场合都阐述了各自对劳动力市场前景显著改善的理解。另外，2013 年 2 月美联储主席的国会做证、2013 年 1 月 FOMC 发布的会议记录，都对进一步资产购买的成本和收益进行了分析。

2013 年 12 月 18 日，美联储在会后声明中表示，"考虑到就业市场已取得的进展和前景的改善，决定从明年 1 月起小幅削减月度资产购买规模，将长期国债的购买规模从 450 亿美元降至 400 亿美元，将抵押贷款支持证券的购买规模从 400 亿美元降至 350 亿美元。这样，美联储月度资产购买规模将从原来的 850 亿美元缩减至 750 亿美元"。

在 2011 年 7 月发布的会议记录中，FOMC 公布了退出量化宽松政策的原则，大致分为三步：首先是停止将所持到期证券本金进行再投资的政策，其次是提高联邦基金利率，最后是在 3 ~ 5 年时间内出售抵押贷款支持证券。但由于此后美联储资产负债表规模进一步扩大，一些退出

---

① JANET YELLEN. Challenges Confronting Monetary Policy［C］. Speech on National Association for Business Economics（NABE）Economic Policy Conference，Washington D. C.，2013.

② BEN BERNANKE. Semiannual Testimony before the Committee on Banking［R］. Housing, and Urban Affairs，U. S. Senate，Washington，D. C. February 26，2013.

原则已显得不合时宜。2014 年 9 月 17 日，美联储公布了新的退出原则：将通过提高联邦基金利率开启货币政策正常化进程，随后才会考虑停止将所持到期证券本金进行再投资的政策，再逐步缩减资产负债表规模。

2017 年 3 月的货币政策会议记录显示，多数联邦公开市场委员会参与者认为，只要经济数据保持强劲，就应该在 2017 年晚些时候采取措施，开始缩减规模达 4.5 万亿美元的资产负债表，但并未提及缩表的速度及缩减至怎样的规模。"逐步退出再投资政策"对金融市场影响较小，却加大了美联储与市场沟通的难度，而"立即停止再投资政策"易于沟通，并能快速实现资产负债表的缩减。联邦公开市场委员会参与者一致同意，"应该逐渐地、按计划地缩减资产负债表"，并表示，"任何政策的改变应该在实际发生改变前的很长时间就进行对外沟通"。

（二）美联储资产负债表政策沟通的工具

此次国际金融危机爆发前，美联储在沟通的制度化建设上已取得了明显的进展。在量化宽松实施的过程中，美联储延续了其利率政策沟通的传统，充分利用会后声明、会议记录、新闻发布会等途径提供量化宽松政策的前瞻性指引。主要的沟通工具如下：

1. 与货币政策会议相伴随的沟通工具

美联储的货币政策决策机构是联邦公开市场委员会（Federal Open Market Committee，FOMC），通常每年举行 8 次会议，会期两天。FOMC 将与这些会议相伴随的会后声明、会议记录和新闻发布会，作为沟通其资产负债表政策信息的主要工具。会后声明在会议之后的第二天发布，会议记录在会后的三个星期发布，新闻发布会每个季度进行一次，一般在 3 月、6 月、9 月和 12 月会议后的第二天举行。

比如，2014 年 10 月 29 日，美联储没有召开新闻发布会，仅用一份会后声明就终止了曾经创造历史的大规模资产购买计划。会后声明的内容是："自美联储推出资产购买计划以来，美国劳动力市场前景有了显著改善。此外，委员会认为经济大环境有足够的力量，在价格稳定背景下支撑劳动力市场朝就业最大化发展。因此，委员会决定结束资产购买项目。"

2. 新闻公告

新闻公告是一项相当灵活的沟通工具。在中央银行认为必要的时候，能通过新闻公告的发布，及时向公众传递资产负债表政策的相关信息。比如，2008 年 11 月 25 日，面对经济状况的不断恶化，美联储迅速通过新闻公告启动第一轮资产购买计划，而不是等到 12 月 15—16 日的货币政策会议结束后才发布。在公告中，美联储宣布将购买 1000 亿美元的机构债券和 5000 亿美元的抵押贷款支持证券。

3. 发表演讲、接受访谈等方式

美联储主席、联邦公开市场委员会委员和地区联邦储备银行行长的讲话和接受访谈，也是美联储非常重要的沟通工具。市场参与者和媒体最关注的是美联储主席在各种场合的讲话。美联储主席一年有 7 次互动提问和回答的安排，包括每个季度 FOMC 会议之后的新闻发布会，每年 8 月的经济政策研讨会及每半年一次的国会做证。美联储主席一直运用这些提问和回答的机会向国会成员和媒体来阐述其大规模资产购买计划。

相比美联储的同行，英格兰银行货币政策委员会成员的言论会受到更多限制。比如，从货币政策委员会会议之前的星期五开始，到货币政策会议会后声明发布后的星期五，货币政策委员会委员在这八天的时间内，不允许对新闻媒体发表有关货币政策的讲话。

4. 其他补充沟通渠道

从 2009 年 6 月开始，美联储不仅每个季度会发布《资产负债表发展报告》，而且每周会发布资产负债表规模和组成的统计数据，以提高其资产负债表变化的透明度。

与 FOMC 会后声明相伴随的纽约联储的声明，不仅阐述与资产购买相关的公开市场操作的操作政策变化，有时还包括资产购买数量、操作时间和所要购买债券的期限等资产购买的关键信息。

（三）改善美联储资产负债表政策沟通的建议

相比其他中央银行，美联储的资产负债表政策沟通目前处于领先地位，但仍有进一步提升的空间。鉴于沟通在引导市场预期方面所发挥的关键作用，美联储在货币政策正常化的进程中，应进一步完善利率政策和资产负债表政策的前瞻性指引。

1. 使用通俗易懂的沟通语言

美联储通过会议记录、会后声明等方式沟通时，使用的语言比较专业，更适合一级交易商等专业的金融市场参与者。在这方面，美联储可以借鉴英格兰银行的做法。英格兰银行在实施量化宽松政策的过程中，以简单通俗的语言面向普通公众解释资产购买计划，沟通也更为系统和全面。在英格兰银行的网站上，专门设有量化宽松的专栏，通过有趣的动画视频，向普通百姓解释量化宽松政策，消除对量化宽松政策的误解。

2. 需要沟通指导中央银行资产购买计划的原则

仅仅宣布中央银行调整大规模资产购买计划的条件是不够的，为了更好地引导公众对中央银行资产负债表变化的预期，中央银行还需要沟通指导其大规模资产购买的原则。美联储可以沟通其期望的资产负债表规模的决定因素，这将是资产负债表前瞻性指引的一个很大的进展。比如，宣布一个名义 GDP 的值[1]。名义 GDP 现在远低于长期水平，名义GDP 目标值的发布可以提供美联储将如何管理资产负债表规模的相关信息。

3. 沟通需要注重规模和时间两个维度

资产购买计划的有效性取决于预期。比如，如果美联储今天购买100 亿美元的长期证券，但是被预期明天或者很快将卖掉这些资产，那么资产购买对经济的影响将会非常小。资产购买计划的效应不仅取决于

---

① YOUNGJOO KANG et al. Central Bank Communication Policy: A Comparative Study [R]. Markets Group, The Federal Reserve Bank of New York, 2013.

市场对中央银行资产购买规模的预期，也取决于市场对中央银行持有所购买的这些资产时间的预期。因此，在结束资产购买计划后，美联储应注重对所购买证券持有时间的沟通，以加强对公众预期的引导，从而促进货币政策的正常化。

四、国际金融危机背景下美联储沟通实践对我国的启示

此次国际金融危机爆发后，面对非同寻常的经济金融环境，美联储通过强化与公众的沟通，阐明非常规货币政策行动的合理性、实施计划及退出原则，凸显了特定经济金融环境下沟通的特殊工具价值。回顾美联储强化沟通的相关实践，对我国中央银行沟通的制度化建设具有以下几方面的启示。

（一）进一步提高货币政策目标和策略的透明度

2012 年 1 月，美联储首次发布了长期目标和货币政策策略声明（Statement on Longer‐Run Goals and Monetary Policy Strategy，以下简称声明）[1]，阐述了货币政策目标及实现这些目标的策略，在管理公众未来政策路径预期、降低经济和金融不确定性、锁定公众的通货膨胀预期等方面都发挥了重要的作用。实践表明，中央银行沟通已成为货币政策框架的一个基本要素。中央银行发布货币政策目标和策略，阐述实施货币政策的系统性方式，帮助公众理解中央银行的反应函数，有利于更好地引导公众的政策预期，提高货币政策的有效性。

《中国人民银行法》规定，我国货币政策的双重目标是保持币值稳定，并以此促进经济增长，但是并未为币值稳定设置明确的量化目标。为了更好地锁定公众的通货膨胀预期，我国中央银行可以考虑为币值稳定设置一个明确的通货膨胀目标值或目标区间，并适时发布货币政策策略。

---

[1]　Board of Governors of the Federal Reserve System. Federal Reserve Issues FOMC Statement of Longer‐Run Goals and Policy Strategy ［R］. Press Release, 2012.

（二）积极探索加强预期管理的有效沟通形式

不同经济环境下，前瞻性指引的角色不尽相同。在正常经济环境下，前瞻性指引扮演的更多是沟通工具的角色；而国际金融危机期间，在面临零利率约束的背景下，前瞻性指引成为一项独立的货币政策工具。此次国际金融危机爆发后，美联储先后采用了三种形式的前瞻性利率指引，在特定阶段有效引导了市场的政策预期。

2017年3月，在启动加息近一年半后，美联储正式开始考虑收缩其资产负债表。缩减资产负债表最终会对金融市场产生什么样的影响，还取决于缩表的方式和规模。在缩表的过程中，美联储需要找到合适的沟通方式，并评估市场对缩减资产负债表规模的预期，建立一种逐步缩表的策略，并以可预见的方式实施。

近年来，中国人民银行越来越注重发挥沟通在货币政策实施中的作用。在我国中央银行完善沟通策略的过程中，可考虑在货币政策报告中增加量化经济预测等信息，适时公布货币政策委员会的会议记录，定期举行新闻发布会……帮助公众更好地理解货币政策决策的背景和理由，引导公众熟悉中央银行应对经济变化的系统性反应方式，有效发挥沟通的预期管理作用。

（三）协调好中央银行沟通与政策行动的关系

货币政策对经济的影响主要取决于公众对未来货币政策操作的预期，而非当前的政策利率目标值或中央银行资产负债表中资产的规模。在国际金融危机背景下，当利率与资产价格表明市场的政策利率路径预期与中央银行的预期存在较大程度的不一致时，美联储由于受到零利率下限的约束，难以通过进一步下调政策利率的行动来引导预期。此时，美联储与市场的沟通显得尤为重要，在管理预期方面具有特殊的工具价值。

在我国中央银行推进沟通制度化建设的进程中，需要处理好中央银行沟通与政策行动的关系。一方面，沟通能否引导预期朝着中央银行希望的方向变动，取决于中央银行是否具有较高的可信性，而可信性的建立和提升需要系统性政策行为的支持；另一方面，不能因为沟通而限制中央银行的政策行动。货币政策决策面临的经济环境具有很大的不确定性，随着经济状况出现新变化，中央银行应该具有政策调整的灵活性，不能让沟通产生的政策预期限制中央银行的政策行动。

第七章

我国中央银行资产负债表政策的实践

在应对此次国际金融危机的过程中，主要经济体中央银行积极调整中央银行资产负债表的规模和结构，将中央银行资产负债表政策打造成一项新型的货币政策工具。近年来，我国中央银行资产负债表政策的实践，主要表现为一系列新型结构性货币政策的实施。本章分析了近年来我国中央银行资产负债表的新特点，探讨了我国中央银行资产负债表政策推出的背景、主要类型及存在的问题。选择常备借贷便利、中期借贷便利和抵押补充贷款作为我国中央银行资产负债表政策工具的代理变量，运用 VAR 模型对我国中央银行资产负债表政策有效性进行实证研究，并就完善我国中央银行资产负债表政策提出了相关的政策建议。

一、近年来我国中央银行资产负债表的新特点

（一）我国中央银行资产负债表的规模变动分析

1. 中央银行资产规模绝对总量变动（见图 7.1）

自 2000 年以来，中国人民银行资产负债表规模经历了增长、下降和温和增长三个阶段。

（1）第一阶段：中央银行资产增长阶段

2000—2008 年为中央银行资产快速增长阶段，资产规模从 39395.36 亿元增长到 207095.99 亿元，年均增长 24.2%。2009—2014 年为缓步增长阶段，资产规模从 227535.02 亿元增长到 338248.79 亿元，年均增长 8.5%。长期贸易顺差、有管理的浮动汇率制度和强制结售汇制度三重

因素叠加，导致外汇占款成为持续扩表的重要原因。其一，2001年11月我国加入世界贸易组织，对外出口额不断增加，贸易顺差带来了经常账户长期顺差，大量外汇流入我国；其二，2005年7月我国开始实行以市场供求为基础、参考一篮子货币进行调节、有管理的浮动汇率制度，人民币稳定升值，大量国际热钱涌入我国；其三，1994年起我国实行强制结售汇制度，企业和个人必须将多余的外汇卖给外汇指定银行，外汇指定银行必须把高于国家外汇管理头寸的外汇在银行间市场卖出，大部分外汇都流入中央银行，也导致了中央银行资产负债表的扩张。

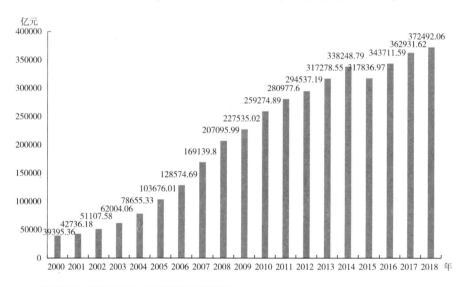

资料来源：根据中国人民银行网站数据整理。

图7.1　2000年以来中央银行资产负债表规模变动情况

（2）第二阶段：中央银行资产下降阶段

从图7.2可知，2015年3—12月，中央银行资产负债表规模显著下降。自2000年以来，我国中央银行资产负债表规模是逐渐扩大的，只有2015年资产负债表规模出现过一定幅度的下降。2015年3月中央银行资产为345411亿元，12月降至317837亿元，是中央银行历史上唯一一次大规模缩表。究其原因，主要是出口贸易筑顶回落、人民币贬值压力加大、中央银行降准和股市泡沫四重因素的影响。其一，2015年3月我国贸易顺差筑顶回落，贸易顺差由2月的604.62亿美元下滑至3月的25.16亿美元；其二，美联储进入加息周期，人民币汇率市场化改革，导致人民币贬值压力加大；其三，2015年中央银行4次全面降准、5次定向降准，中央银行负债端萎缩；其四，2014—2015年上半年，中国股市大涨导致境外资本流入，6月监管"去杠杆"、严查配资，境外资本逐步流出，也导致外汇占款下降。

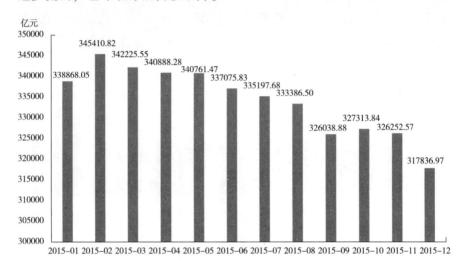

资料来源：根据中国人民银行网站数据整理。

图7.2　2015年中央银行资产负债表规模变动情况

（3）第三阶段：中央银行资产温和增长阶段

2016年至2019年9月，中央银行开启温和扩表，2016年1月中央银行资产33.7万亿元，2019年9月扩张至36.2万亿元。公开市场操作更加灵活，货币政策主动性和有效性得到提高。

2. 中央银行资产规模相对量变动

从相对规模来看，2000年以来我国中央银行资产占GDP比重先上升后下降。中央银行资产/GDP是衡量中央银行资产相对规模的指标，表示创造一单位GDP所需要消耗的中央银行资产规模。

由图7.3可知，2001—2009年，我国中央银行资产的相对规模持续

升高，货币政策主动性和有效性受到限制，货币政策效率不高；但2010
年以后，中央银行重启汇改，减少外汇干预，外汇占款规模逐步下降，
创新型货币工具更加灵活，中央银行货币调控的主动性逐步提高，货币
政策效率也逐步提高，相对规模逐步下降。

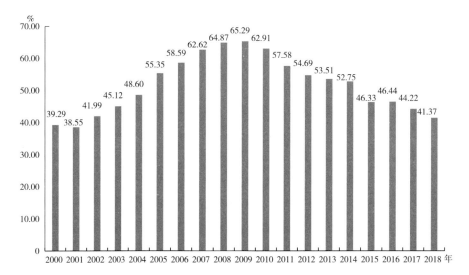

资料来源：中央银行资产规模数据来自中国人民银行网站、GDP 数据来自国家统计局。

图7.3　2000—2018 年我国中央银行资产占 GDP 比重

（二）我国中央银行资产负债表的结构变动分析

近年来，中央银行资产负债表结构发生了显著的变化，货币政策工
具不断丰富。资产方主要项目是外汇占款和对其他存款性公司债权；负
债方主要项目是基础货币和政府存款等。2019 年 9 月，国外资产和对其
他存款性公司债权占总资产的比率分别为 60.44% 和 29.5%，持有的政
府债券占比仅为 4.21%；负债端储备货币（包括货币发行和其他存款性
公司存款）和政府存款占比分别为 84.51% 和 10.64%。

1. 资产端结构变动

20 世纪 80 年代到 90 年代，再贷款及再贴现是我国中央银行投放基
础货币的主要渠道。21 世纪以来，基础货币的主要投放渠道由再贴现和
再贷款转变为外汇占款，2002 年外汇占款的规模首次超过再贴现和再贷

款。2002—2014 年，外汇占款是中央银行扩表的主要方式；2014 年以后，其他存款性公司债权成为中央银行扩表的主要途径。2002—2019 年中央银行资产结构变动情况详见图 7.4。

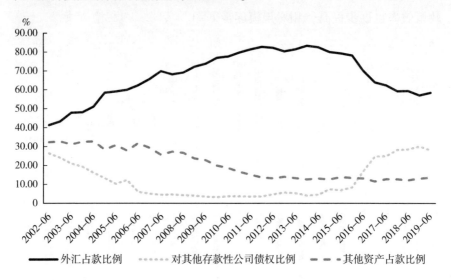

资料来源：根据中国人民银行网站数据整理。

图 7.4　2002—2019 年中央银行资产结构变动情况

（1）2014 年以前，外汇占款是中央银行扩表的主要方式

2014 年以前，外汇占款是中央银行扩表的主要渠道，目前外汇占款基本保持稳定。2001 年我国加入世界贸易组织之后，"双顺差"导致外汇占款比例快速增长；2008 年国际金融危机之后，我国的国际收支状况发生了较大变化，由大幅顺差逐渐转变为趋于平衡，相应的外汇占款比例增速放缓。2014 年到达顶峰之后，2015 年外汇占款比例出现趋势性下降，2016 年开始逐步稳定下来。

（2）2014 年以后，创新货币政策工具成为扩表的主要渠道

2014 年至今，中期借贷便利（MLF）和抵押补充贷款（PSL）成为中央银行扩表的主要渠道。随着外汇占款规模回落，中央银行开始频繁使用逆回购和常备借贷便利（SLF）、中期借贷便利（MLF）、抵押补充贷款（PSL）等结构性货币工具，其他存款性公司债权规模迅速扩大，

成为中央银行资产负债表扩张的主要原因。2019 年 9 月对其他存款性公司债权规模为 106775 亿元，占比为 29.5%，较 2014 年 1 月的 21281 亿元扩张了 85494 亿元，同期中央银行资产负债表小幅扩张 30785 亿元。随着中央银行投放基础货币渠道的转变，对其他存款性公司债权规模将会进一步上升。

由图 7.5 可知，自创设以来，抵押补充贷款（PSL）投放稳定增长，余额由 2015 年 5 月的 6459 亿元增长至 2019 年 9 月的 35170 亿元，为棚改提供了有力支持；中期借贷便利（MLF）投放余额由 2015 年 5 月的 10545 亿元增长至 2019 年 9 月的 31670 亿元，期限包含 3 个月、6 个月和 1 年期，且 2017 年开始主要以 1 年期 MLF 投放为主，为市场提供中长期流动性；常备借贷便利（SLF）投放量较前两个要少得多，月末余额基本在 1000 亿元以内。

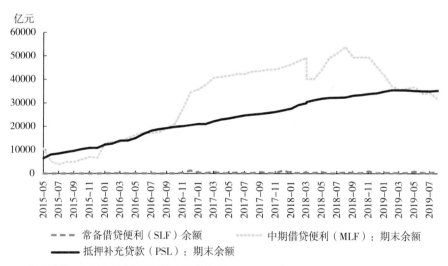

资料来源：根据中国人民银行网站数据整理。

图 7.5　2015—2019 年主要的对其他存款性公司债权余额

2. 负债端结构变动①

---

① 本部分参考：任泽平. 流动性的创造与消失——从央行资产负债表看货币调控［J/OL］. 金融界网站，2019－03－26.

从负债端看，中央银行票据逐步退出历史舞台，储备货币和政府存款成为负债端主要的驱动因素。

（1）2002—2008 年，以中央银行票据为主、短期回购操作为辅的货币政策操作

2002—2008 年，中央银行形成了以中央银行票据为主、短期回购操作为辅的灵活公开市场操作，保证流动性调控目标的平稳实现。为保持货币供给的平稳，中央银行在货币被动扩张的时候通过负债端主动收缩货币供给，在货币被动收缩的时候主动增加流动性供给。2008 年以前，中央银行票据最重要的功能就是对冲外汇占款带来的被动货币扩张，当资产端外汇占款增加时，中央银行为了避免大规模的货币投放，则发行中央银行票据，负债端债券发行增加，从市场收回部分流动性。2004 年中央银行在原有 3 个月期、6 个月期和 1 年期 3 个品种的基础上，增加 3 年期中央银行票据，有效提高了流动性调控的深度。除中央银行票据外，中央银行还通过短期正回购进行流动性调整，促进长短期操作搭配协调（见图 7.6）。

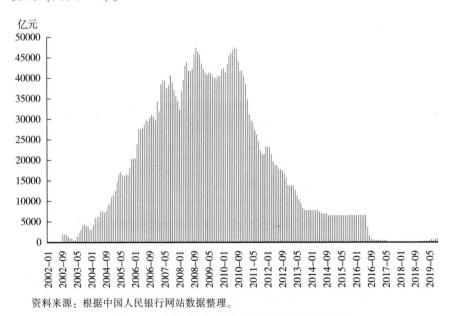

资料来源：根据中国人民银行网站数据整理。

图 7.6　2002—2019 年中央银行发行债券规模

（2）2008—2013 年，长短期回购操作搭配，配合存款准备金率调整

2008—2013 年，中央银行票据逐步退出历史舞台，中央银行丰富正回购的长短期搭配，并配合存款准备金率调整，实现货币政策目标。由于中央银行票据不具备持续性和长期性，其在到期时会对市场释放更多流动性，造成中央银行扩表。2008 年以后，中央银行适时调整公开市场操作策略，陆续暂停了 3 年期和 1 年期的中央银行票据发行，货币政策操作以 3 个月正回购为主，并配合存款准备金率调整，择机开展 7 天、14 天、28 天等短期回购操作，熨平流动性波动。其他存款性公司存款由 2008 年 1 月的 69330 亿元增加至 2013 年 12 月的 197175 亿元。

（3）2013 年至今，中央银行优化操作工具组合，完善价格型货币调控

2013 年至今，中央银行货币政策工具不断丰富，创设 SLO、SLF、MLF、PSL、TMLF 等货币政策工具，配合存款准备金率调整，开展灵活的公开市场操作，实现数量型到价格型货币调控的不断完善。2017 年 6 月，中国内地发行的中央银行票据全部到期，虽然 2018 年在香港发行 200 亿元，但并未重启中央银行票据的大规模发行，公开市场操作、MLF 投放和存款准备金率调整逐渐成为中央银行货币政策调控的主要方式。

二、我国中央银行的资产负债表政策工具

本章对我国中央银行资产负债表政策的分析，主要围绕结构性货币政策工具展开。此次国际金融危机爆发以来，主要经济体中央银行在实施低利率政策加量化宽松政策的基础上，创设了若干结构性货币政策工具。比如，美联储商业票据融资工具、英格兰银行融资换贷款计划、欧洲中央银行定向长期再融资操作和日本中央银行贷款支持计划等。结构性货币政策工具的创设和实践，已成为近年来学界和业界关注的一个重要课题。

（一）资产负债表政策工具推出的动因

随着我国经济结构转型不断深化，金融改革逐渐进入深水区，传统总量型货币政策的传导机制受阻，政策作用于实体经济的边际效果减弱，货币政策需要更加主动的管理方式和更加多元化的工具。为适应新形势下金融宏观调控的需要，我国中央银行适时推出了一系列结构性货币政策工具。

第一，支持经济结构调整和转型升级的需要。新常态下经济转型的核心是经济发展方式和经济结构的改变。在这样的宏观经济大背景下，必须处理好经济结构调整和宏观总量政策之间的关系。我国经济可能在较长时期内经历转型和调整过程，传统增长引擎减弱与新兴产业发展并存，面临淘汰过剩产能与扶助新兴产业发展的双重任务。在保持总量稳定的同时，要进一步促进结构优化，用调结构的方式有针对性地解决经济运行中的突出问题。货币政策主要作为总量政策，同时也可以在支持经济结构调整和转型升级方面发挥边际和辅助性的作用，为此需要补充和丰富货币政策工具以有效引导流动性的投向和结构。

第二，补充基础货币投放渠道的需要。自21世纪以来，在较长的一段时间内，我国国际收支面临双顺差局面，外汇储备的迅速增长导致通过外汇占款渠道被动投放的基础货币大量增加。近年来，随着人民币汇率形成机制改革与结构性改革组成的一揽子政策的实施，我国国际收支渐趋平衡，经常项目顺差与GDP之比在2%左右，处于国际公认的合理区间，中央银行通过外汇占款渠道投放的基础货币减少甚至为负。2015年和2016年，中央银行外汇占款分别减少约3000亿元和约2.9万亿元。在此背景下，仅凭公开市场操作的量不足以稳定基础货币的供应，这就需要中央银行创新货币政策工具，对外汇占款渠道少增的流动性予以填补，以保持中性适度的货币金融环境。

第三，疏通货币政策传导机制的需要。我国房地产行业、地方政府融资平台等部门存在预算软约束问题，对资金价格不敏感，在国民经济正常循环中形成了阻滞。如果采取总量型货币政策，这些部门将占据较多的金融资源，资金难以传导至小微企业、"三农"行业，导致货币政策有效性下降。结构性货币政策通过降低部分金融机构的负债端融资成本，或者直接降低部分实体行业或企业的融资成本，有利于疏通货币政策传导渠道，促进资金流入需要支持的实体经济。我国中央银行新创设的结构性货币政策工具，基本都是以影响商业银行信贷规模为靶向，如 MLF、PSL 等，都能够为主动调节货币供给（M_2）提供更便利的渠道。

第四，丰富货币政策手段和工具的需要。我国中央银行设定了多重宏观调控目标，依据丁伯根法则，任何一种单一的、独立的货币政策工具都不可能完成全部的宏观调控。因此，我国中央银行需要使用多种政策工具来实现这些目标。中央银行资产负债表政策的核心是货币政策工具的选择与运用。通过资产负债表政策工具的设计和运用，中央银行可以更好地控制宽松的时间、体量和资金流向，在一定程度上有利于弥补传统货币政策工具的不足。如可以运用 PSL 为基础建设项目提供定向融资，运用 SLF 来平抑金融市场的利率波动等。

第五，防范和化解金融风险的需要。此次应对危机的国际实践表明，在金融市场出现流动性危机，甚至有可能出现系统性和区域性金融风险时，更加需要中央银行扮演最后贷款人的角色，通过采取灵活、有效的货币政策工具来及时化解风险。2013 年 6 月，货币市场利率急剧飙升，我国中央银行通过短期流动性调节工具（SLO）向市场注入流动性，遏制了利率继续上涨的势头。2015 年 6 月，我国股市连日下跌，中央银行通过采取 6 个月中期借贷便利、增加抵押补充贷款投放规模等货币政策工具，并通过多种形式为证金公司提供流动性支持，从而避免了系统性金融风险的发生。这些实践充分说明中央银行主动进行资产负债表管理，有助于更好地防范与化解风险。

（二）资产负债表政策工具的主要类型

自 2013 年以来，我国中央银行创设了多种资产负债表政策工具，向银行提供流动性，包括常备借贷便利（SLF）、中期借贷便利（MLF）、抵押补充贷款（PSL）等。这些结构性货币政策工具不同于传统货币政策工具，有效地满足了外汇占款增长放缓情况下金融机构的资金需求。传统货币政策操作对象往往是整个金融体系，影响的是全部金融机构。而结构性货币政策操作只针对特定金融机构，影响的是部分金融机构的流动性及资金成本，并通过这些金融机构传导到实体经济，特别是一些重点领域和薄弱环节。截至 2019 年 9 月末，常备借贷便利、中期借贷便利和抵押补充贷款的余额分别达到 600 亿元、31670 亿元和35170 亿元。

近年来，我国中央银行采用的资产负债表政策工具的作用、期限和操作对象见表 7.1。

表 7.1　　　　　我国中央银行资产负债表政策工具的比较

工具	作用	期限	操作对象
SLO	平抑银行体系流动性的波动，是公开市场操作的重要补充工具	7 天以内	采用市场化利率招标，商业银行均可参与
SLF	对符合宏观审慎政策的金融机构提供流动性支持，指定交易对象，满足特定金融机构的流动性需求	1～3 个月	所有商业银行
MLF	与 SLF 作用相似，但期限更长，可以起到稳定中期利率的作用，是提供中期基础货币的重要工具	3～12 个月	目前主要是政策性银行和全国性商业银行
PSL	中央银行以抵押方式向银行发放贷款，主要是为了引导调控市场的中期利率，是一种重要的基础货币投放工具	3～5 年	目前只针对政策性银行
TLF	不需要抵押品，主要是为了保障春节前现金投放的集中性需求	28 天	主要针对在现金投放中占比较高的大型商业银行
TMLF	加大金融对小微企业、民营企业的支持力度，鼓励商业银行对小微企业、民营企业提供贷款	1 年	大型商业银行、股份制商业银行和大型城市商业银行

（三）资产负债表政策工具存在的主要问题

第一，对资产负债表政策工具的信息披露不足。预期的有效引导对于提高货币政策的传导效果至关重要。在主要经济体资产负债表政策的实施过程中，非常注重政策实施过程的公开和透明。针对政策目标、操作安排、参与机构和参与条件、总体金额及预计结束日期，主要经济体中央银行均通过公告的形式进行了明确的说明。当前，我国中央银行并未详细地披露资产负债表政策工具的相关信息，难以引导社会公众对中央银行货币政策形成正确的预期，其信号传递效应及对公众影响力受到影响。

第二，缺乏资产负债表政策工具的评估和退出机制。中央银行资产负债表政策实质上属于国家公共政策范畴，在其制定和执行以后，有必要对其效果进行合理的评估。目前，我国中央银行并未对资产负债表政策工具的效果、成本和风险等特征进行评估并发布报告。另外，也缺乏资产负债表政策的退出机制。随着经济的好转，美国、欧洲、日本等经济体创新的资产负债表政策工具纷纷退出。我国中央银行创设的 MLF、SLF、PSL、SLO 等一系列新型货币政策工具，基本上服务于特定时期或者特定目的，具有一定的时期性，却未明确在宏观调控目标达成以后是否退出及退出时间和替代方式。

第三，缺乏激励相容的机制设计。由于信息不对称的广泛存在，在结构性货币政策的实施过程中，不可避免地会产生一定的道德风险。从主要经济体中央银行结构性货币政策的运作机制看，在注重制度激励作用的同时，均对相关的道德风险进行了充分的考虑。一方面，通过提供成本非常低廉的资金，激发金融机构的热情，吸引金融机构参与其中；另一方面，又通过融资额度、成本费用与一定时期的新增信贷挂钩，一定程度上有利于降低金融机构擅用流动性的道德风险。目前，我国的结构性货币政策，很少提及退出的奖励和惩罚措施。一方面，这可能会降低银行执行政策的积极性，容易导致银行出现逆向选择问题；另一方面，由于对银行未来行为缺乏考核机制，释放资金的投向在一定程度上可能失控，削弱政策实施效果。

第四，货币政策在调结构上效果不佳。传统宏观经济理论认为，货币政策关注总量，财政政策关注结构。货币政策一般不针对具体的行业和部门，一些因素限制了货币政策效应的发挥，导致其在解决结构性问题方面发挥作用有限，而财政政策和产业政策在解决结构性问题上更为有效。目前，在我国财税体制改革尚未完成的背景下，结构性货币政策暂时承担着协助结构性改革的重任。结构性货币政策的过度使用，可能导致财政赤字的货币化或隐性化。

三、我国中央银行资产负债表政策有效性的实证研究

自 2013 年以来，我国经济下行压力持续增大，经济结构急需调整和升级，而传统的总量型货币政策工具已无法满足我国经济转型升级和结构调整的需要。在此背景下，我国中央银行相继推出常备借贷便利、中期借贷便利及抵押补充贷款等货币政策工具，旨在将资金更多地配置到实体经济中的重点领域和薄弱环节，确保货币政策向实体经济的传导更加顺畅有效。衡量中央银行资产负债表政策有效性的标准与传统货币政策并无差异，主要看资产负债表政策工具能否有效影响资产负债表政策中介目标，进而影响最终目标。

（一）模型选择

本章采用向量自回归模型（VAR）进行实证研究。从经济含义的角度去解释 VAR 模型中单个参数估计值是很困难的，通常需要对模型进行脉冲响应函数和方差分解分析。本章建立的 VAR 模型如下：

$$Y_t = A_0 + \sum_{p=1}^{n} A_p Y_{t-p} + e_t$$

（二）变量选择

1. 资产负债表政策工具

自 2014 年以来，我国中央银行逐渐加大了资产负债表政策的实施力度，并在资产负债表内创设了多个新型货币政策工具。由于 SLO、

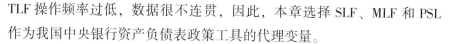

TLF 操作频率过低，数据很不连贯，因此，本章选择 SLF、MLF 和 PSL 作为我国中央银行资产负债表政策工具的代理变量。

2. 资产负债表政策中介目标

就基础货币投放的渠道而言，随着 2015 年以来我国外汇占款的逐步缩水，外汇占款作为基础货币主要投放渠道的状况已经发生改变。从近年来的观察来看，我国中央银行越来越依赖类似再贷款性质的操作来进行基础货币的投放。我国创新型货币政策工具的运用，实际上起到的就是弥补由于外汇占款大幅下降导致基础货币萎缩的作用。因此，我国中央银行资产负债表政策工具的本质都是中央银行向商业银行进行的再贷款，其目的都是调节市场流动性，保证基础货币供应的稳定。

同时，就货币政策传导渠道而言，尽管我国已经初步实现了利率市场化，但是我国金融市场的发展现状依然不能支撑起有效、畅通的利率传导渠道，国有企业预算软约束及地方政府片面追求经济增长速度等因素也制约了利率传导渠道作用的发挥。因此，信贷传导渠道仍然是我国当前货币政策传导的重要渠道。

综合上述因素，本章选择银行贷款规模作为衡量我国中央银行资产负债表政策的中介目标变量。

3. 货币政策最终目标

由于我国暂不披露国内生产总值（GDP）的月度数据，参照国内文献的做法，用规模以上工业增加值（IAV）作为货币政策最终目标的代理变量。

（三）数据说明

SLF、MLF 和 PSL 数据来源于中国人民银行网站公布的该项政策工具当月操作余额。由于这几项资产负债表政策工具实施的起始时间不同，所以，MLF 和 PSL 的样本区间以中国人民银行开始实施该项资产负债表政策工具的时间为起点，即 MLF 的样本区间为 2014 年 9 月至 2019 年 9 月，PSL 的样本区间为 2015 年 5 月至 2019 年 9 月。因中国人民银行在 2013 年 2—5 月、2014 年 3 月至 2015 年 1 月、2015 年 4—11 月均没有使用常备借贷便利政策工具，从 2015 年 12 月开始基本每月都在操作该项政策工具，故本章选取 SLF 的样本区间为 2015 年 12 月至 2019 年 9 月。

银行贷款规模（LOAN）数据来源于中国人民银行网站，将中资全国性大型银行（包括工商银行、建设银行、农业银行、中国银行、国家开发银行、交通银行和邮政储蓄银行）与中资全国性中小型银行（资产总量小于 2 万亿元的银行）境内贷款额相加获得，其中境内贷款额含拆放给非存款类金融机构款项。

规模以上工业增加值（IAV）数据来源于 Wind 数据库公布的当月定基指数（2010 年 = 100）。规模以上工业增加值的统计范围为年主营业务收入 2000 万元及以上的工业企业。需要说明的是，本章所使用的规模以上工业增加值定基指数，消除了春节日期不固定因素带来的影响，增加了数据的可比性。

（四）实证研究

1. 常备借贷便利政策有效性分析

（1）数据处理

从图 7.7 可知，SLF 和 IAV 都存在明显的季节影响。为了更加准确地观察数据本身的趋势，本章对于上述指标采用美国人口普查局的 X-12-ARIMA 模型进行乘法季节调整，将季节变动因素从原序列中剔除。从数据上看，银行贷款规模不存在季节因素的影响，因此不需要进行季节调整。对经季节调整后的 SLF、IAV 及 LOAN 原始数据取对数，消除异方差带来的影响。

（2）实证准备

VAR 模型要求数据一定要是平稳序列。如果 VAR 的数据不平稳，则可能出现伪回归或伪相关，导致回归结果的不可信。因此，在做 VAR 之前必须要对每个时间序列做单位根检验，确保数据是平稳的，这里采用 ADF 检验进行平稳性检验。

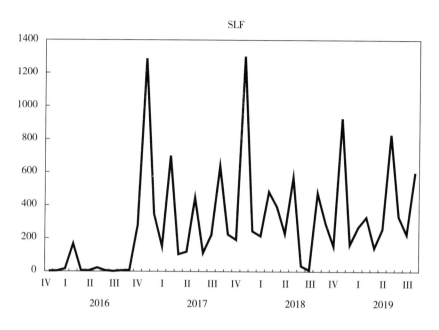

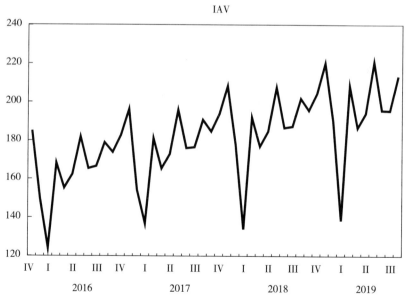

图 7.7 **SLF 和 IAV 的时序**

表 7.2　　　　　　　　　　　SLF 模型 ADF 检验

变量	1% 临界值	5% 临界值	10% 临界值	ADF 统计量	结论
LNIAV	−3.61	−2.94	−2.61	−1.50	不平稳
△ LNIAV	−3.61	−2.94	−2.61	−5.54	平稳
LNLOAN	−3.58	−2.93	−2.60	−0.75	不平稳
△ LNLOAN	−3.59	−2.93	−2.60	−9.86	平稳
LNSLF	−2.63	−1.95	−1.61	−0.03	不平稳
△ LNSLF	−2.63	−1.95	−1.61	−8.53	平稳

　　表 7.2 的平稳性检验表明，规模以上工业增加值数据、银行贷款规模数据和常备借贷便利数据都是一阶单整，取对数后的原序列中有非平稳序列，因此需要进行协整检验。在进行协整检验之前需要确定模型最优滞后阶数。

表 7.3　　　　　　　　　　SLF 模型信息准则表达式数值

滞后阶数	LogL	LR	FPE	AIC	SC	HQ
0	90.62077	NA	8.40e−07	−5.476298	−5.338886	−5.430750
1	216.6654	220.5781	5.61e−10	−12.79159	−12.24194	−12.60939
2	234.1000	27.24160*	3.37e−10	−13.31875	−12.35686*	−12.99991
3	244.4591	14.24375	3.23e−10	−13.40370	−12.02957	−12.94821
4	258.2325	16.35589	2.61e−10*	−13.70203*	−11.91567	−13.10990*

注：带 * 的表示该准则下选择的最佳滞后期。

　　表 7.3 列出了多种信息准则表达式的数值，FPE、AIC、HQ 信息准则表达式的数值均表明 VAR 模型的最优滞后阶数为 4 阶。

表 7.4　　　　　　　　　　SLF 模型 Johansen 协整检验

最大秩	特征值	统计量	5% 临界值	P 值
Panel A：迹检验				
None	0.336784	27.86059	29.79707	0.0823
At most 1	0.297575	15.13030	15.49471	0.0567
At most 2 *	0.126160	4.180586	3.841466	0.0409

续表

最大秩	特征值	统计量	5%临界值	P 值
Panel B：最大特征值检验				
None	0.336784	12.73030	21.13162	0.4774
At most 1	0.297575	10.94971	14.26460	0.1567
At most 2 *	0.126160	4.180586	3.841466	0.0409

注：本表的 Johansen 检验包含常数项和时间趋势。

Johansen 协整检验结果列于表 7.4，表中 Panel A 的协整秩迹检验和 Panel B 的最大特征值检验结果均表明，可以在 5% 的水平上拒绝"协整秩为 2"的原假设，变量之间存在 3 个协整关系，即常备借贷便利、银行贷款规模和规模以上工业增加值之间存在协整关系。

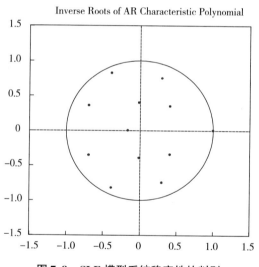

图 7.8　SLF 模型系统稳定性的判别

图 7.8 表明，VAR 模型所有根的模的倒数小于 1，即位于单位圆内，表明其是稳定的，脉冲响应和方差分解得到的结果是有效的。接下来基于脉冲响应函数和方差分解技术来研究常备借贷便利政策对银行信贷和经济增长的影响。

（3）实证结果

从图 7.9 可知，在当期给常备借贷便利政策工具一个标准化的正向

冲击，会对银行信贷产生持续性的正面影响，这种影响在前2个月小幅
波动，从第3个月开始稳定增长。这表明中央银行实施扩张性常备借贷
便利政策后，导致银行信贷规模扩张，而且有较长的持续效应。常备借
贷便利政策工具的正向冲击会逐渐减少经济波动，1年后趋于平稳，这
表明常备借贷便利政策能够促进经济的平稳运行。

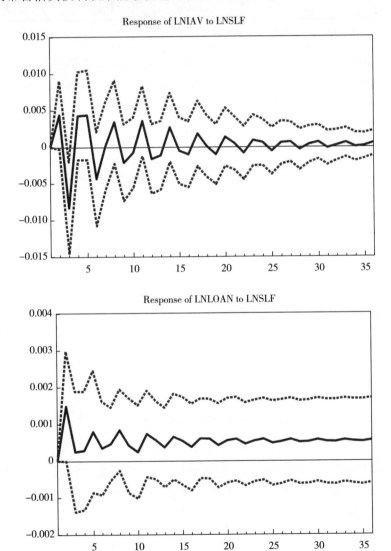

图7.9 SLF模型的脉冲响应

在此基础上，采用方差分解技术研究常备借贷便利政策工具对银行信贷、经济增长的解释能力。

表 7.5　　　　　　　　　　SLF 模型的方差分解结果

时期	银行信贷			经济增长		
	经济增长	银行信贷	SLF	经济增长	银行信贷	SLF
1	61.79401	38.20599	0.000000	100.0000	0.000000	0.000000
6	54.57512	39.10686	6.318022	60.81846	15.60919	23.57235
12	53.47388	40.45187	6.074252	58.37030	15.15804	26.47167
18	53.06226	41.11308	5.824662	57.20830	15.28002	27.51168
24	52.77664	41.57426	5.649096	56.77321	15.46039	27.76640
30	52.59779	41.87324	5.528962	56.61877	15.67571	27.70553
36	52.47117	42.08318	5.445648	56.54720	15.91780	27.53501

从表 7.5 可以看出，SLF 对银行贷款变动的贡献率及 SLF 对经济增长变动的贡献率均从最初的 0 开始增加，说明 SLF 对银行贷款变动、经济增长变动的解释力在增强，短期内 SLF 确实能够在一定程度上起到缓解流动性、促进经济稳定的作用。SLF 对经济增长预测误差变动的贡献力约为 27.5%，大于 SLF 对银行贷款预测误差变动的贡献力约为5.5%，说明 SLF 对经济增长的影响比对银行贷款的影响大。

2. 中期借贷便利有效性分析

（1）数据处理

与常备借贷便利模型一样，对有明显季节影响的 IAV 用美国人口普查局的 X－12－ARIMA 模型进行乘法季节调整。银行贷款规模和中期借贷便利均不存在季节因素的影响，因此不需要进行季节调整。对经季节调整后的 IAV、MLF 原始数据及 LOAN 原始数据取对数，消除异方差带来的影响。

（2）实证准备

跟 SLF 的研究方法一样，首先采用 ADF 检验进行序列的平稳性检验。

表7.6　　　　　　　　　　　　MLF 模型 ADF 检验

变量	1%临界值	5%临界值	10%临界值	ADF 统计量	结论
LNIAV	−3.557	−2.917	−2.596	−0.488	不平稳
△ *LNIAV*	−3.557	−2.917	−2.596	−6.255	平稳
LNLOAN	−3.544	−2.911	−2.593	−2.175	不平稳
△ *LNLOAN*	−3.546	−2.912	−2.594	−7.905	平稳
LNMLF	−3.544	−2.911	−2.593	−1.788	不平稳
△ *LNMLF*	−3.546	−2.912	−2.594	−6.664	平稳

检验结果表明，规模以上工业增加值数据，银行贷款规模数据和中期借贷便利数据都是一阶单整，取对数后的原序列中有非平稳序列，因此需要进行协整检验。在进行协整检验之前需要确定模型最优滞后阶数。

表7.7　　　　　　　　　MLF 模型信息准则表达式数值

滞后阶数	LogL	LR	FPE	AIC	SC	HQ
0	136.2051	NA	1.72e−06	−4.757326	−4.648825	−4.715261
1	404.4801	498.2249*	1.64e−10*	−14.01715*	−13.58314*	−13.84888*
2	411.0611	11.51677	1.80e−10	−13.93075	−13.17125	−13.63629
3	416.2382	8.505192	2.07e−10	−13.79422	−12.70921	−13.37356

注：带 * 的表示该准则下选择的最佳滞后期。

表 7.7 列出了 MLF 模型中多种信息准则表达式的数值，LR、FPE、AIC、SC、HQ 信息准则表达式的数值均表明 VAR 模型的最优滞后阶数为 1 阶。

表7.8　　　　　　　　MLF 模型 Johansen 协整检验

最大秩	特征值	统计量	5%临界值	P 值
Panel A：迹检验				
None*	0.390530	36.70991	29.79707	0.0068
At most 1	0.072518	7.495130	15.49471	0.5208
At most 2	0.050438	3.053530	3.841466	0.0806

续表

最大秩	特征值	统计量	5%临界值	P 值
Panel B：最大特征值检验				
None*	0.390530	29.21478	21.13162	0.0029
At most 1	0.072518	4.441600	14.26460	0.8101
At most 2	0.050438	3.053530	3.841466	0.0806

注：本表的 Johansen 检验包含常数项和时间趋势。

　　Johansen 协整检验结果列于表 7.8，表中 Panel A 的协整秩迹检验结果和 Panel B 的最大特征值检验结果都表明，可以在 5% 的水平上拒绝"协整秩为 0"的原假设，两种检验结果表明变量之间存在 1 个协整关系，即中期借贷便利、银行贷款规模和规模以上工业增加值之间存在协整关系。

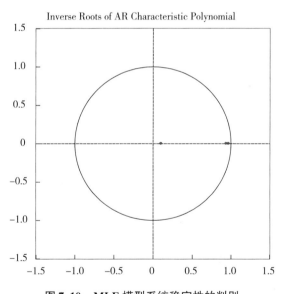

图 7.10　MLF 模型系统稳定性的判别

　　图 7.10 表明，VAR 模型所有根的模的倒数小于 1，即位于单位圆内，表明其是稳定的，脉冲响应和方差分解得到的结果是有效的。接下来基于脉冲响应函数和方差分解技术来研究中期借贷便利政策对银行信贷和经济增长的影响。

（3）实证结果

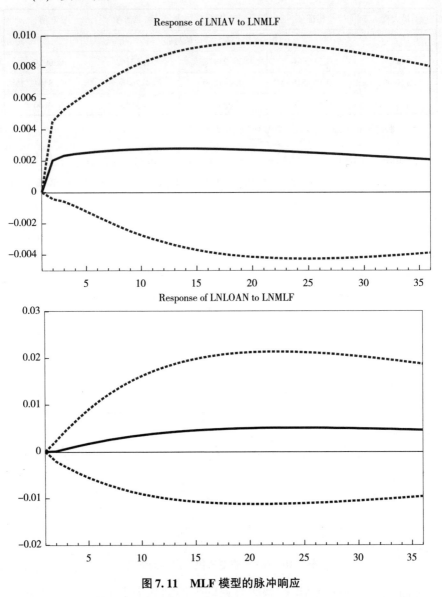

图 7.11 MLF 模型的脉冲响应

图 7.11 表明，在当期给中期借贷便利政策工具一个标准化的正向冲击，前两个月对银行信贷没有影响，第 3 个月开始影响程度逐渐增加，一年后稳定增长。这表明中央银行实施扩张性中期借贷便利政策，

会导致银行信贷规模扩张，而且有较长的持续效应，但存在两个月的滞后效应。中期借贷便利政策工具的正向冲击会对经济增长产生持续性的正面影响，这说明中期借贷便利政策将会缓解中长期流动性、持续促进经济增长。

在此基础上，采用方差分解技术研究中期借贷便利政策工具对银行信贷、经济增长的解释能力。

表7.9　　　　　　　　MLF模型的方差分解结果

时期	银行信贷			经济增长		
	经济增长	银行信贷	MLF	经济增长	银行信贷	MLF
1	6.059803	93.94020	0.000000	100.0000	0.000000	0.000000
6	21.89826	77.65239	0.449352	75.69180	20.58705	3.721145
12	23.52338	74.23713	2.239495	63.46394	29.25156	7.284503
18	23.72443	71.71537	4.560193	57.35025	32.51834	10.13140
24	23.56589	69.58360	6.850518	53.74756	33.87492	12.37752
30	23.31175	67.83217	8.856079	51.44757	34.44139	14.11104
36	23.05682	66.44318	10.50001	49.91609	34.66034	15.42357

从表7.9可以看出，MLF对银行贷款变动的解释程度在逐渐增加，从最初的0增加到第36期的10.5%，说明MLF确实能够缓解中长期流动性。MLF对经济增长变动的贡献率从最初的0逐渐增加到15.4%，说明MLF能够促进经济增长。MLF对经济增长变动的贡献率大于MLF对银行贷款变动的贡献率，说明MLF对经济增长的影响比对银行中期贷款的影响大。

3. 抵押补充贷款有效性分析

（1）数据处理

与前面两个工具的模型一样，对有明显季节影响的IAV用美国人口普查局的X-12-ARIMA模型进行乘法季节调整，随后取对数。银行贷款规模和抵押补充贷款均不需要进行季节调整，直接取对数。

（2）实证准备

跟 SLF、MLF 的研究方法一样，首先采用 ADF 检验进行序列的平稳性检验。

表 7.10   PSL 模型 ADF 检验

变量	1% 临界值	5% 临界值	10% 临界值	ADF 统计量	结论
LNIAV	−4.148	−3.500	−3.180	−8.080	平稳
LNLOAN	−4.145	−3.499	−3.179	−4.671	平稳
LNPSL	−3.563	−2.919	−2.597	−6.832	平稳

检验结果表明在 5% 的显著性水平下，规模以上工业增加值、银行贷款规模和抵押补充贷款数据都是平稳的，可建立 VAR 模型。

首先，确定模型的最优滞后阶数。表 7.11 是 PSL 模型多种信息准则表达式的数值，LR、FPE、AIC、SC、HQ 信息准则表达式的数值均表明 VAR 模型的最优滞后阶数为 1 阶。

表 7.11   PSL 模型信息准则表达式数值

滞后阶数	LogL	LR	FPE	AIC	SC	HQ
0	190.6416	NA	9.47e−08	−7.658841	−7.543015	−7.614897
1	454.9504	485.4652 *	2.83e−12 *	−18.07961 *	−17.61631 *	−17.90383 *
2	461.1920	10.69979	3.18e−12	−17.96702	−17.15624	−17.65941
3	464.9706	6.014979	3.98e−12	−17.75390	−16.59565	−17.31446

注：带 * 的表示该准则下选择的最佳滞后期。

接着，检验 PSL 模型的系统是否是稳定的。

图 7.12 表明，VAR 模型所有根的模的倒数都在单位圆内，表明该模型是稳定的，脉冲响应和方差分解得到的结果是有效的。接下来基于脉冲响应函数和方差分解技术来研究抵押补充贷款对银行信贷和经济增长的影响。

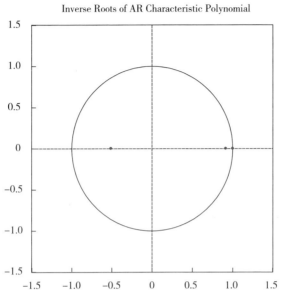

图 7. 12　PSL 模型系统稳定性的判别

（3）实证结果

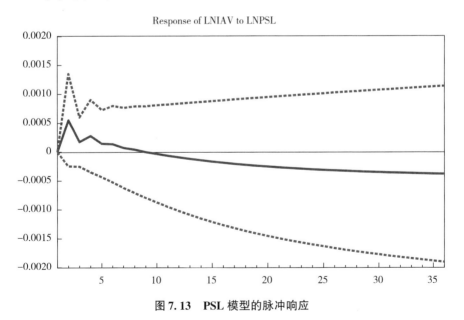

图 7. 13　PSL 模型的脉冲响应

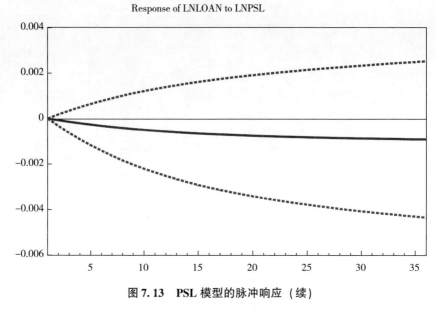

图 7.13　PSL 模型的脉冲响应（续）

图 7.13 表明，在当期给抵押补充贷款政策工具一个标准化的正向冲击，会对银行信贷规模产生持续性的负面影响，但影响程度最大也仅为 - 0.0009%，说明抵押补充贷款政策工具对银行信贷的影响可以忽略不计。这可能是因为 PSL 目前只针对国开行发放的棚户区改造贷款提供资金支持，因此，它对全国商业银行体系贷款发放影响非常有限。

抵押补充贷款政策工具的正向冲击在最初一个季度对经济增长有较大程度的正向影响，随后影响程度逐渐减少，这说明抵押补充贷款政策短期内能够促进经济增长，长期对经济增长影响不大。

在此基础上，采用方差分解技术研究抵押补充贷款政策工具对银行信贷、经济增长的解释能力。

表 7.12　　　　　　　　　　PSL 模型的方差分解结果

时期	银行信贷			经济增长		
	经济增长	银行信贷	PSL	经济增长	银行信贷	PSL
1	9.407594	90.59241	0.000000	100.0000	0.000000	0.000000
6	8.472778	91.35796	0.169259	91.53307	8.327921	0.139013

续表

时期	银行信贷			经济增长		
	经济增长	银行信贷	PSL	经济增长	银行信贷	PSL
12	8.444277	90.99872	0.557001	84.72106	15.14546	0.133481
18	8.437229	90.60255	0.960220	78.84165	20.98471	0.173637
24	8.432432	90.25374	1.313825	73.68331	26.04610	0.270586
30	8.428231	89.96589	1.605877	69.10970	30.48765	0.402648
36	8.424576	89.73338	1.842039	65.02622	34.42378	0.550002

从表7.12可以看出，PSL对银行贷款变动的贡献率及其对经济增长变动的贡献率均在逐渐增加，但数值都较小，分别为1.84%和0.55%。这主要是因为PSL目前只针对国开行发放的棚户区改造贷款提供资金支持，因此，它对全国商业银行体系贷款发放和经济增长的影响是非常有限的。

（五）研究结论

本章通过VAR模型研究了我国中央银行资产负债表政策的有效性。结果表明，银行信贷渠道是我国中央银行资产负债表政策的重要传导渠道，中央银行资产负债表政策能够促进经济增长，但是不同资产负债表政策工具的传导效果与特征不尽相同。

就中介目标而言，SLF短期内对银行信贷的影响程度较大；MLF在银行信贷方面存在滞后性，其效力的显现大约需要3个月时间，中长期影响程度较大；PSL对银行信贷影响很小。扩张性SLF和MLF均会导致银行信贷规模扩张，而且有较长的持续效应。表明SLF能够在短期内起到缓解流动性的作用；MLF能够在中长期起到缓解流动性的作用；因为PSL目前只针对国开行发放的棚户区改造贷款提供资金支持，因此，PSL在缓解流动性上的作用不明显。

就最终目标而言，SLF对经济增长的影响程度最大，其次是MLF，最后是PSL。SLF的影响程度上下波动，但波动逐渐减少；PSL的正面影响时间在8个月左右；MLF会产生持续的正面影响。说明短期流动性缓释工具 SLF 能够促进经济平稳运行，发挥着稳定经济的功能；中期流动性缓释工具 MLF 将会持续地促进经济增长；由于结构性流动性缓释工具 PSL 的功能是支持国民经济重点领域、薄弱环节和社会事业发展，因而短期内能够促进经济增长，长期对经济增长影响不大。

四、完善我国中央银行资产负债表政策的建议

主要经济体中央银行资产负债表政策的实践表明，在利率市场化进程加速和金融市场不断发展完善的背景下，资产负债表政策工具已经成为货币政策有效实施的重要补充。自 2013 年以来，我国中央银行逐渐加大了资产负债表工具创新的力度。如何在中央银行资产负债表框架下合理设计和运用恰当的货币政策工具，也成为我国中央银行亟待解决的课题。未来我国中央银行可考虑围绕以下五个方面，不断丰富和完善资产负债表政策的实践。

（一）积极调整中央银行资产负债表的规模和结构

合理的中央银行资产负债规模和结构是有效进行资产负债表管理的前提。目前，对于中央银行资产负债表的规模和结构，国际上并没有一个公认的标准。一方面，对于处于不同经济发展阶段的中央银行，其资产规模与 GDP 的比例存在较大差异；另一方面，由于经济、金融发展状况和宏观调控目标的不同，不同国家中央银行资产负债表的结构也不尽相同。为了进一步优化我国中央银行资产负债表的结构，我国中央银行可设置"海外资源收购投资"等资产负债表政策工具，有效调节外汇资产结构，以适应我国经济在全球影响力上升和国际收支影响加大的新常态；可通过设立"境内资产收购"科目，增强基础货币投放的主动性，有效提高宏观调控和维护金融稳定的能力；可设立资产规模调节科目，如可选择部分中央银行持有的债权资产进行资产证券化，以实现对资产负债规模与结构的主动调整。

（二）加强中央银行资产负债表政策的沟通

目前，我国中央银行公开了 MLF、PSL 等工具的余额和操作利率，

但是对于具体资金投向领域及相关资金运用情况等都没有公开。相比基准利率和准备金等传统工具，公众对 MLF、PSL 等资产负债表政策工具并不是非常熟悉，难以理解其作用机制，影响了这些政策的效果。为了更好地引导市场预期，我国中央银行应该建立清晰的资产负债表政策沟通机制，充分利用公告、窗口指导、媒体及官方网站等渠道，多角度、全方位、及时地与社会公众进行全面的沟通，不断提高资产负债表管理的透明度。中央银行需要对资产负债表中的项目进行必要的解释，特别是对创新型政策工具所产生的新增科目，要对其创设意义和政策内涵加以解释。特别是对金额和波动幅度较大、具体内容难以从公开渠道获悉的那些资产负债表科目，需要适时披露其所包含的内容，主动引导公众预期，不断提高货币政策实施的有效性。

（三）完善资产负债表政策的评估和退出机制

为了及时纠正宏观调控目标与执行中存在的偏差，我国中央银行应定期分析、检验和评价资产负债表政策的效果、成本和风险，进而为未来资产负债表政策提供依据，实现合理有效的资源配置。同时，采取适当的抵押、担保、风险资产分类管理等措施，降低风险对资产负债表工具有效实施的影响。另外，我国中央银行还需要加强对资产负债表政策工具的研究，论证其创设、退出的可行性和必要性，分析其退出可能对中央银行资产负债表的影响，明确退出的机制安排，降低对中央银行资产负债表政策主动性的影响。

（四）将中央银行资产负债表政策纳入宏观审慎政策框架

当前，我国"货币政策＋宏观审慎"政策双支柱的金融调控框架已经初步形成。比较而言，货币政策主要针对宏观经济和总需求管理，更为关注经济增长和物价稳定；宏观审慎政策则直接作用于金融体系本身，抑制杠杆过度扩张和顺周期行为，更加关注维护金融稳定。国际金融危机后的国际实践表明，中央银行资产负债表政策不仅是货币政策工具，也在一定程度上具有宏观审慎政策工具的性质。因此，可以将中央银行资产负债表政策纳入宏观审慎政策框架，这不仅有利于货币政策目标的实现，也可以有效应对流动性风险和化解冲击。

（五）加强货币政策与财政政策的协调和配合

当前我国经济已经进入了中低速增长的新常态，经济的结构性问题日益突出，在稳增长、调结构的过程中，应加强货币政策与财政政策的协调配合。调结构的任务，货币政策不应承担太多。长期使用结构性货币政策，可能会产生一定的副作用，导致资源配置失衡，混淆财政政策与货币政策的界限。要进一步发挥财政政策在结构性改革中具有的重要作用，可以考虑定向贴息、进一步减轻重点和薄弱环节企业税负等措施，与结构性货币政策一起发力，共同提振经济。财政政策和货币政策并不能从根本上解决结构性问题，各种结构性工具的使用应该与国内金融发展和经济结构改革相结合，才能从根本上解决经济面临的深层次矛盾，化解结构性困局。

参考文献

［1］白仲林，赵亮．我国通货膨胀率的最优目标区间几何［J］．统计研究，2011，28（6）：6-10.

［2］邢毓静，朱元倩，巴曙松．从货币政策规则看中国适度宽松货币政策的适时退出［J］．金融研究，2009（11）：49-59.

［3］徐明东，陈学彬．货币环境、资本充足率与商业银行风险承担［J］．金融研究，2012（7）：48-62.

［4］张雪兰，何德旭．货币政策立场与银行风险承担——基于中国银行业的实证研究（2000—2010）［J］．经济研究，2012（5）：31-44.

［5］王国刚．基于资产负债表的中央银行调控能力分析［J］．金融评论，2010（1）.

［6］张成思．货币政策传导机制：理论发展与现实选择［J］．金融评论，2011（2）.

［7］颜蕾．美联储资产负债表政策对新兴经济体的溢出效应研究——以巴西为例［J］．海南金融，2015（10）.

［8］金雪军，曹赢．量化宽松货币政策研究综述［J］．浙江社会科学，2016（11）.

［9］范从来，高洁超．新常态下的货币政策最新进展：一个文献综述［J］．南大商学评论，2015（9）.

［10］彭芸．美联储"前瞻性指导"的政策实践及其效应分析［J］．金融与经济，2016（12）.

［11］彭芸．欧洲中央银行资产负债表政策的实践及其传导渠道探究［J］．浙江金融，2017（3）.

［12］彭芸. 金融危机背景下美联储沟通的实践及启示［J］. 甘肃金融, 2017（5）.

［13］彭芸. 货币政策分配效应研究进展述评［J］. 武汉金融, 2017（6）.

［14］彭芸. 中央银行资产负债表政策与金融危机管理研究［J］. 湖北经济学院学报, 2016（4）.

［15］彭芸. 美联储资产负债表沟通探究［J］. 武汉金融, 2016（8）.

［16］ANDRADE, P., BRECKENFELDER, J., DE FIORE, F., KARADI, P., and TRISTANI, O. The ECB's asset purchase programme: an early assessment［R］. ECB Working Paper 1956, 2016.

［17］ALTUNBAŞ, Y., GAMBACORTA, L., MARQUÉS – IBAÑEZ, D. Do bank characteristics influence the effect of monetary policy on bank risk［J］. Economics Letters, 2012, 117（1）: 220 – 222.

［18］AMPUDIA, M., D GEORGARAKOS, J., SLACALEK, O., TRISTANI, P., VERMEULEN and G VIOLANTE. Monetary policy and household inequality［R］. ECB Working Paper Series, No. 2170, July, 2018.

［19］APEL, M., CLAUSSEN, C. A. Monetary Policy, Interest Rates and Risk Taking［J］. Sveriges Riksbank Economic Review, 2012（2）: 68 – 83.

［20］BAUER, M. and RUDEBUSCH, G. The Signaling Channel for Federal Reserve Bond Purchases［J］. International Journal of Central Banking, 2014, 10（3）: 233 – 289.

［21］BERENTSEN, A., S KRAENZLIN and B MÜLLER. Exit strategies for monetary policy［J］. Journal of Monetary Economics, 2018, 99（C）: 20 – 40.

［22］BORIO C, ZHU H. Capital regulation, risk – taking and monetary policy: A missing link in the transmission mechanism? [J]. Journal of Financial Stability, 2008, 8 (4): 236 – 251.

[23] BERNANKE, B. and V. REINHART. Conducting Monetary Policy at Very Low Short – Term Interest Rates [J]. American Economic Review, 2004, 2 (94): 85 – 90.

[24] BERNANKE. Communication and Monetary Policy [C]. Speech delivered at the National Economists Club Annual Dinner, Herbert Stein Memorial Lecture, Washington, D. C, 2013, 11 (9).

[25] BERNANKE, B. Federal Reserve Policy in an International Context [C]. Speech at the 16th IMF Jacques Polak Annual Research Conference, 2015.

[26] BIVENS, J. Gauging the Impact of the Fed on Inequality during the Great Recession [R]. Hutchins Center on Fiscal and Monetary Policy at Brookings, 2015, 12.

[27] BORIO, C and P DISYATAT. Unconventional monetary policies: an appraisal [R]. BIS Working Papers, 2009, 292.

[28] BORIO, C and A ZABAI. Unconventional monetary policies: a re – appraisal [R]. BIS Working Papers, 2016, 570.

[29] CAMPBELL et al. Macroeconomic Effects of Federal Reserve Forward Guidance [R]. Brookings Papers on Economic Activity, 2012: 1 – 80.

[30] COIBION, OLIVIER, Y. GORODNICHENKO, and J. WIELAND. The Optimal Inflation Rate in New Keynesian Models: Should Central Banks Raise Their Inflation Targets in Light of the ZLB [J]. The Review of Economic Studies, 2012, 4 (79): 371 – 406.

[31] COEURÉ, B. What Can Monetary Policy Do About Inequality [C]. Speech at International Day for the Eradication of Poverty, Intergroup "Extreme Poverty and Human Rights, Fourth World Committee" event, Euro-

pean Parliament, Brussels, 2012.

［32］ COIBION, O, Y GORODNICHENKO, L KUENG and J SIL-VIA. Innocent Bystanders? Monetary policy and inequality ［J］. Journal of Monetary Economics, Elsevier, 2017 (6): 88.

［33］ CURDIA and WOODFORD. The central bank balance sheet as an instrument of monetary policy ［R］. NBER Working Paper No. 16208, 2010.

［34］ CURCURU, S, S KAMIN, C LI and M RODRIGUEZ. International spillovers of monetary policy: Conventional policy vs quantitative easing ［C］. International Finance Discussion Papers, No. 1234, 2018.

［35］ D'AMICO, STEFANIA, WILLIAM B. ENGLISH, J. David Lopez – Salido, and Edward Nelson. The Federal Reserve's Large – Scale Asset Purchase Programs: Rationale and Effects ［C］. Finance and Economics Discussion, Series No. 2012 – 85, Board of Governors of the Federal Reserve System, 2012.

［36］ DE GRAEVE, F. and J. LINDÉ. Effects of Unconventional Monetary Policy: Theory and Evidence ［J］. Sveriges Riks Bank Economic Review, 2015 (1): 41 – 72.

［37］ DELIS M D, KOURETAS G P. Interest Rates and Bank Risk – taking ［J］. Journal of Banking and Finance, 2011, 35 (4): 840 – 855.

［38］ DEMIRALP, S., EISENSCHMIDT, J. and VLASSOPOULOS, T. The Impact of Negative Interest Rates on Bank Balance Sheets: Evidence from the Euro Area ［C］. Paper presented at Non – Standard Monetary Policy Measures – ECB workshop 18 – 19 April 2016, Frankfurt am Main, 2016.

［39］ DOBBS, R., LUND, S., KOLLER, T. and A. SHWAYDER. QE and Ultra – low Interest rates: Distributional Effects and Risks ［C］. McKinsey Global Institute, November 2013 discussion paper.

［40］ DOMANSKI, D., M. SCATIGNA, and A. ZABAI. Wealth Inequality and Monetary Policy ［R］. BIS Quarterly Review, 2016.

［41］ DUFFIE, D. and A. KRISHNAMURTHY. Pass – through efficiency in the FED's new monetary policy setting ［R］. Presented at the 2016 Jackson Hole Symposium of the Federal Reserve Bank of Kansas City, 2016.

［42］ FREDERIC, MISHKIN. Monetary Policy Strategy: Lessons from the Crisis ［R］. NBER Working Paper , No. 16755, 2011.

［43］ GÜRKAYNAK, REFET, and JONATHAN WRIGHT. Macroeconomics and the Term Structure ［J］. Journal of Economic Literature, 2012 (50): 331 – 367.

［44］ FILARDO and HOFMANN. Forward guidance at the zero lower bound ［J］. BIS Quarterly Review (March), 2014: 37 – 53.

［45］ FISCHER, S. The Federal Reserve and the Global Economy ［J］. IMF Economic Review, 2015, 1 (63): 8 – 21.

［46］ FRATZSCHER, M., LO DUCA, M. and STRAUB, R. On the Spillovers of US Quantitative Easing ［R］. Working Paper No. 1557, European Central Bank, 2013.

［47］ FURCERI, D., P. LOUNGANI and A. ZDZIENICKA. The Effects of Monetary Policy Shocks on Inequality ［R］. IMF Working Paper No. WP/16/245. Washington, D. C. : International Monetary Fund, 2016.

［48］ GAGNON, J., RASKIN, M., REMACHE, J. and SACK, B. The Financial Market Effects of the Federal Reserve's Large – Scale Asset Purchases ［J］. International Journal of Central Banking, 2011, 7 (1): 3 – 43.

［49］ GAGGL, P., VALDERRAMA, M. T. Does a Low Interest Rate Environment Affect Risk Taking in Austria? ［J］. Monetary Policy and the Economy, 2010: 32 – 48.

［50］ GAGNON, JOSEPH, and BRIAN SACK. Monetary Policy with Abundant Liquidity: A New Operating Framework for the Fed ［R］. Policy Briefs PB14 – 4, Peterson Institute for International Economics, 2014.

[51] GREENLAW, D, J HAMILTON, E HARRIS and K WEST. A skeptical view of the impact of the Fed's balance sheet [R]. NBER Working Papers, No. 24687, 2018.

[52] GREENWOOD, R. , S. G. HANSON, and J. C. STEIN. The Federal Reserve's balance sheet as a financial tool [C]. Presented at the 2016 Jackson Hole Symposium of the Federal Reserve Bank of Kansas City, 2016.

[53] HEATHCOTE, J. , F. PERRI, and G. VIOLANTE. Unequal We Stand: An Empirical Analysis of Economic Inequality in the United States, 1967 – 2006 [R]. Federal Reserve Bank of Minneapolis, Research Department Staff Report No. 436, 2009.

[54] HOHBERGER, S, R PRIFTIS and L VOGEL. The distributional effects of conventional monetary policy and quantitative easing: Evidence from an estimated DSGE model [J]. Journal of Banking & Finance, 2019.

[55] HUGHES – HALLETT, A. Ultra – Low/Negative Yields on Euro Area Long – Term Bonds: Reasons and Implications for Monetary Policy [C]. European Parliament – Monetary Dialogue, 2016.

[56] LOPEZ, M. , TENJO, F. , ZARATE, H. The Risk – Taking Channel and Monetary Transmission Mechanism in Colombia [J]. Ensayos Sobre Política Económica, 2011, 29 (SPE64): 212 – 234.

[57] LOPEZ, M. , TENJO, F. , ZARATE, H. The Risk – Taking Channel and Monetary Transmission Mechanism in Colombia Revisited [J]. Ens polit econ, 2012, 30 (68): 274 – 295.

[58] IOANNIDOU, V. P. , ONGENA, S. , PEYDRÓ, J. L. Monetary Policy, Risk – Taking and Pricing: Evidence from a Quasi – natural Experiment [J]. Review of Finance, 2014, 19 (1): 95 – 144.

[59] JANET YELLEN. Communication in Monetary Policy [C]. Speech on Society of American Business Editors and Writers 50th Anniversary

Conference, Washington D. C. , 2013.

[60] JANET YELLEN. Challenges Confronting Monetary Policy [C]. Speech on National Association for Business Economics (NABE) Economic Policy Conference, Washington D. C. , 2013.

[61] JOBST, A. and H. LIN. Negative Interest Rate Policy (NIRP): Implications for Monetary Transmission and Bank Profitability in the Euro Area [R]. IMF Working Paper, No. WP/16/172, 2016.

[62] JIMÉNEZ, G. , LOPEZ, J. A. , SAURINA, J. How Does Competition Impact Bank Risk Taking? [J]. Journal of Financial Stability, 2013, 9 (2): 185 – 195.

[63] JIMÉNEZ, G. , ONGENA, S. , PEYDRO, J. L. , SAURINA, J. Hazardous Times for Monetary Policy: What Do Twenty – Three Million Bank Loans Say About the Effects of Monetary Policy on Credit Risk – Taking? [J]. Econometrica, 2014, 82 (2): 463 – 505.

[64] KILEY, M. Quantitative easing and the "new normal" in monetary policy [C]. Board of Governors of the Federal Reserve System, Finance and Economics Discussion Series, No. 2018 – 004.

[65] KOLASA, M and G WESOLOWSKI. International spillovers of quantitative easing [R]. ECB Working Paper, No. 2172, 2018.

[66] KWON, H. U. , NARITA, F. and M. NARITA. Resource Reallocation and Zombie Lending in Japan in the 1990s [J]. Review of Economic Dynamics, 2015, 18 (4): 709 – 732.

[67] KRISHNAMURTHY, ARVIND, and ANNETTE VISSING – JORGENSEN. The Effects of Quantitative Easing on Interest Rates: Channels and Implications for Policy [R]. NBER Working Paper No. 17555, 2011.

[68] LACKER, JEFFREY. Introduction to Special Issues on the 50th anniversary of the Treasury/Fed Accord [J]. Federal Reserve Bank of Richmond Economic Quarterly, 2001, 1 (87): 1 – 6.

[69] MARK CARNEY. Inclusive capitalism: creating a sense of the systemic [C]. At the Conference on Inclusive Capitalism, 2014.

[70] MEANING, J. and WARREN, J. The transmission of unconventional monetary policy in UK government debt markets [J]. National Institute Economic Review, 2015 (11): 234.

[71] MERSCH Y. Monetary Policy and Economic Inequality [C]. Keynote Speech, Corporate Credit Conference, Zurich, 17 October, 2014.

[72] MODIGLIANI, FRANCO. Monetary Policy and Consumption: Linkages via Interest Rate and Wealth Effects in the FMP Model [C]. Consumer Spending and Monetary Policy: the Linkages, Conference Series 5: 9 – 84, Boston: Federal Research Bank of Boston, 1971.

[73] MUMTAZ, H. and A. THEOPHILOPOULOU. The Impact of Monetary Policy on Inequality in the UK. An Empirical Analysis [R]. Working Paper No. 783, 2016. Queen Mary University of London, School of Economics and Finance.

[74] NAKAJIMA, M. The Redistributive Consequences of Monetary Policy [R]. Federal Reserve Bank of Philadelphia, Business Review, 2015: 9 – 16.

[75] NEELY, C. Unconventional Monetary Policy Had Large International Effects [J]. Journal of Banking and Finance, 2015 (52): 101 – 111.

[76] NOYER, C. Thoughts on the Zero Lower Bound in Relation with Monetary and Financial Stability [C]. Speech to the Farewell Symposium held by the Bank of France and the Bank for International Settlements, Paris, 2016.

[77] PETER PRAET. Transmission channels of monetary policy in the current environment [C]. Speech at the Financial Times Festival of Finance, London, 2016.

［78］ PETER PRAET. Ensuring price stability ［C］. Speech at the Belgian Financial Forum colloquium on "The low interest rate environment", Brussels, 2017.

［79］ PETER PRAET. The ECB's Monetary Policy: Past and Present ［C］. Speech at the Febelfin Connect event, Brussels/Londerzeel, 2017.

［80］ RAHAL, C. Housing Markets and Unconventional Monetary Policy ［J］. Journal of Housing Economics, forthcoming, 2017.

［81］ SAIKIA, A., FROST, J. How does Unconventional Monetary Policy Affect Inequality? Evidence from Japan ［R］. DNB Working Paper No. 423, 2014.

［82］ SHIRATSUKA, SHIGENORI. Size and Composition of the Central Bank Balance Sheet: Revisiting Japan's Experience of the Quantitative Easing Policy ［J］. Monetary and Economic Studies, 2010, 3 (28): 79 – 105.

［83］ ROGERS, J., SCOTTI, C. and WRIGHT, J. Evaluating Asset – Market Effects of Unconventional Monetary Policy: A Cross – Country Comparison ［C］. International Finance Discussion Papers No. 1101, Board of Governors of the Federal Reserve System, 2014.

［84］ ROGERS, JOHN H., CHIARA SCOTTI and JONATHAN H. WRIGHT. Unconventional Monetary Policy and International Risk Premia ［C］. International Finance Discussion Papers 1172, 2016.

［85］ STEIN, JEREMY. Monetary Policy as Financial Stability Regulation ［J］. Quarterly Journal of Economics, 2012, 1 (127): 57 – 95.

［86］ STONE et al. Should Unconventional Balance Sheet Policies be Added to the Central Bank Toolkit? a Review of the Experience so Far ［R］. IMF Working Paper, WP11145, 2011.

［87］ SWANSON and WILLIAMS. Measuring the Effect of the Zero Lower Bound on Medium – and Longer – Term Interest Rates ［J］. American Economic Review, 2014, 104 (10): 54 – 85.

[88] SWANSON. Measuring the Effects of Unconventional Monetary Policy on Asset Prices [R]. NBER Working Papers, No. 21816, 2015.

[89] SVENSSON, L. E. O. Cost-benefit Analysis of Leaning Against the Wind: are Costs Larger also with Less Effective Macroprudential Policy? [R]. IMF Working Paper 3, 2016.

[90] TAYLOR, JOHN B. Discretion Versus Policy Rules in Practice [C]. Carnegie – Rochester Conference Series on Public Policy, 1993 (39): 195 –214.

[91] TABAK, B. , LAIZ, M. , CAJUEIRO, B. D. Financial Stability and Monetary Policy—the Case of Brazil [J]. Revista Brasileira De Economia, 2013: 403 –413.

[92] TAYLOR, J. B. The Financial Crisis and the Policy Responses: An Empirical Analysis of What Went Wrong [J]. Ssrn Electronic Journal, 2009, 55 (3): 851 –863.

[93] TOBIN, JAMES. Liquidity Preference as Behaviour towards Risk [J]. The Review of Economic Studies, 1958 (25): 65 –86.

[94] WEALE, M. and Wieladek, T. What are the Macroeconomic Effects of Asset Purchases? [J]. Journal of Monetary Economics, 2016, 3 (79): 81 –93.

[95] WEIDMANN, J. A look at the euro area from a central bank perspective [C]. Keynote Speech to the Second Lichtenstein Financial Forum, 2016.

[96] WILLIAMS, J. Monetary Policy at the Zero Lower Bound: Putting Theory into Practice [C]. Hutchins Center on Fiscal & Monetary Policy at Brookings, 2014.

[97] WOODFORD, MICHAEL. Comment on "Using a Long – Term Interest Rate as the Monetary Policy Instrument" [C]. Columbia University, Mimeo, 2005.

[98] WRIGHT, JONATHAN. Term Premia and Inflation Uncertainty: Empirical Evidence from an International Panel Dataset [J]. American Economic Review, 2011, 1 (101): 514 – 534.

[99] YOUNGJOO KANG et al. Central Bank Communication Policy: A Comparative Study [C]. Markets Group, The Federal Reserve Bank of New York, 2013.

[100] YEYATI, E. L., MICCO, A. Concentration and Foreign Penetration in Latin American Banking Sectors: Impact on Competition and Risk [J]. Journal of Banking and Finance, 2007, 31 (6): 1633 – 1647.